传奇投资人的智慧

ROLF · HEINZ
MORRIEN VINKELAU

ALLES, WAS SIE ÜBER
CHARLIE MUNGER
WISSEN MÜSSEN

查理·芒格
投资精要

[德] 罗尔夫·莫里安
[德] 海因茨·温克劳
——著

王海涛 _译

中信出版集团 | 北京

图书在版编目（CIP）数据

查理·芒格投资精要 / (德) 罗尔夫·莫里安, (德) 海因茨·温克劳著；王海涛译. -- 北京：中信出版社，2023.4 (2023.12重印)

ISBN 978-7-5217-3670-0

Ⅰ.①查… Ⅱ.①罗… ②海… ③王… Ⅲ.①投资－基本知识 Ⅳ.① F830.59

中国版本图书馆 CIP 数据核字 (2021) 第 212334 号

查理·芒格投资精要

著者： 　[德]罗尔夫·莫里安　[德]海因茨·温克劳
译者： 　王海涛
出版发行：中信出版集团股份有限公司
　　　　（北京市朝阳区东三环北路 27 号嘉铭中心　邮编　100020）
承印者：　北京通州皇家印刷厂

开本：880mm×1230mm　1/32　　印张：5.25　　字数：67 千字
版次：2023 年 4 月第 1 版　　印次：2023 年 12 月第 2 次印刷
京权图字：01-2021-5470　　书号：ISBN 978-7-5217-3670-0
定价：42.00 元

目 录

清单
如何像查理·芒格一样投资 97

——刘建位 《巴菲特选股 10 招》作者，

霍华德·马克斯作品《周期》译者

"投资是复杂的，你要是把投资赚钱想得很简单，你就是个大傻瓜！"

说话像芒格这么冲的人，别说是名人，就是普通人也很少。但是，这正是芒格的宝贵之处。他跟你说实话，哪怕这样会得罪你。所以，聪明如巴菲特，成功如巴菲特，在做重大决策之前，一般都会先与老搭档芒格电话商议，专门听取芒格的意见。

有些人说，是芒格教导了巴菲特，改变了巴菲特，巴菲特才变得如此成功。

而芒格说，这是胡说，没有芒格，巴菲特照样会非常成功。

但是芒格也自豪地说：即使聪明、能干、伟大如巴菲特，也需要有一个合作的搭档，很荣幸能够成为巴菲特的合作搭档。

巴菲特与芒格合作搭档超过 60 年，两个人搭档时间之久，在商界极其少见。如果读过巴菲特或芒格的传记，你会大致了解，两个人在合作期间经历了很多风风雨雨，芒格这个搭档确实发挥了别人难以取代的作用。

芒格最大的特点是非常博学，很有智慧，就连巴菲特的好友比尔·盖茨也对此非常佩服。

巴菲特的大儿子霍华德说："芒格绝对是世界上最聪明的人。"

巴菲特说："要论如何在 30 秒内看透一件事的本质，全世界没有一个人能比得上芒格。"

我认为，芒格在三个方面胜过巴菲特，因此能够提供更好的见解，完善巴菲特的投资决策：一是芒格比巴菲特更加重视博学多才；二是芒格比巴菲特更加重视公司质量；三是芒格比巴菲特更加重视投资心理。

这三个方面，连巴菲特都要向芒格学习，我们更应该重点向芒格学习。

芒格说，最成功的培训模式是飞行员的培训模式，因为这种模式的有效性，飞行事故的发生率极低。我将他说的飞行员培训模式总结为"先博后专心不乱，步步检查看清单"。

先博：先要博学。在飞行员的培训中，不管文科理科，不管你喜不喜欢，只要是和飞行相关的科目，包括数学、物理、化学、工程、气象、法律、心理学等等，你全部都要学，而且必须全部合格。

后专：后要专精。持续练习各种情境下的飞机驾驶，必须达到操作应用熟练又精通。

心不乱：控制自己的情绪和心理，不要慌乱，避免疏忽，清楚认识自己可能会出现的认知偏差，时刻保持警惕，按照清单，逐项检查核对，正副机长相互检查，确认没有任何重大错漏。

投资人就是飞行员，投资组合就是你的飞机。

我把芒格一生的投资经验总结为三点，也是"先博后专心不乱"。

第一，先要博学，掌握多学科主要思维模型。这样你才能全面、系统、正确地认识整个世界和多数公司的业务运作。这就是投资的基础必修课。

第二，后要专精，专业精通股票投资。你要深刻认识股票市场的基本运作机制，深入学习并掌握基本的长期价值投资策略，根据不同行业、不同企业、不同市场状况来灵活运用，这样才有可能成为少数战胜市场的投资人。

第三，还要心不乱，心乱就会出大错。你要了解人性，掌握人性。能不能长期投资成功，方法重要，心理更重要，可以说，心理最重要。

下面我们一一展开讨论。

第一，先要博学，掌握多学科主要思维模型

买股票就是买公司，公司的业务多种多样，牵

涉很多方面，其实是相当复杂的，而且公司是在一个复杂的世界中生存发展的，要想更好地分析公司业务，你就要分析整个世界。如同你学开车，不仅仅要学会驾驶，还要学习交通管理法规，了解天气和路况。你不需要样样精通，但是各个方面最基本的原理和知识，你都要懂得。用芒格的话说：你要掌握多个学科的基本思维模型。用中国人的话说：你必须先要博学多才。

按照芒格的演讲，我将他认为投资人应该了解的 20 个学科按照软硬程度分成四类。

最硬学科：数学，物理，化学，工程。

较硬学科：生物和生理，医学和医药，生态和环境，天文地理和航空航天。

较软学科：经济，法律，政治，社会。

最软学科：心理学，文学，历史，宗教。

可能有的人会说，这也太多了。其实一点儿也不多，你在平时的生活和工作中都会接触这些学科。而且芒格的意思也不是让你精通每个学科，而是掌握每个学科最基本的三四个思维模型。达到入门水平，你就不会出大错了。

芒格 1941 年进入密歇根大学，主修数学专业。结果在上了物理学必修课之后，他一下子爱上了物理学。1943 年，芒格在大学二年级结束之后入伍，进入美国陆军空军兵团的一个军官培养计划，先是到新墨西哥大学的阿尔布开克校区学习自然科学和工程学，后来又被送到声誉很高的加州理工学院，专攻热力学和气象学，目标是成为空军兵团的气象专家。可以说，芒格接受过完整的硬学科训练。

1946 年退役之后，芒格申请进入哈佛大学法学院读研。1948 年，他以 12 名优秀毕业生之一的身份毕业。1949 年，芒格获得律师执业资格，此后从事律师工作直至 1965 年，律师职业生涯长达17 年。学习法律的 2 年和做律师的 17 年，让芒格精通法律，也熟悉、了解相关的所有软学科。

后来，芒格发现自己真正热爱的是赚钱。1962年，芒格和惠勒共同创办了一家合伙制私募基金公司，一直做到 1975 年。1978 年，芒格成为伯克希尔－哈撒韦公司的副董事长，和巴菲特一直合作至今。

在《穷查理宝典》中，芒格提及最多的就是多学科思维模型，经常说，反复说。"先博后专"是芒格从一生的学习工作经历中总结出来的最重要的经验：先博学方能后专精，不博学就难专精。正是因为博学多才，芒格才能为巴菲特提供重要的参考意见。

第二，后要专精，专业精通股票投资

股票市场是复杂的，要想更好地分析股票市场，分析个股，你要深入学习，不断练习，还要不断进化。就像开车、开飞机一样，光懂原理不行，还要多加练习。练习练习再练习，实践实践再实践，直到真正精通。

芒格说，经济确实很像生态系统，二者之间存在很多相似的现象。动物在有利于自身生存的地方能够快速繁衍，种群规模的增长速度快得惊人。同样，人在商业世界中专攻某个领域，拥有过人的专长，往往能在这个领域得到非常高的经济回报。

1999 年，美国网络股非常火爆，巴菲特却一股也不买。为什么？巴菲特说："按照分析网络股的能力排序，我在美国股市连第 1 000 名也排不到，我为什么要在别人明显更有优势的地盘上和别人竞争呢？"

要想做好股票投资，就得下大功夫，你得比其他投资人更懂你投资的行业和公司才行。

首先，你要明白以下三点：

1.市场是复杂的，公司好和股票好是两回事。

关于市场的复杂性，芒格有一个形象的比喻。他将股票市场比作赛马场。上市公司就是马，股票就是投注的马票。用博彩的专业术语来说，赛马场是按照同注分彩模式设立的彩池投注系统。一个彩池投注系统，其实就是一个市场。如果你认为某匹马会跑到第一名成为头马，你就可以买这匹马独赢，这就是投注。别人可能与你看法不同，会下注赌别的马成为头马。所有人下注的赌金，就是博彩的资金，合在一起就是彩池，也就是我们投资圈常说的资金池，这就是一个独立的小市场。大家同时投注哪匹马会是头马，赌中头马的人赚的钱，就是其他没有赌中的人亏的钱，这就是同注分彩。在这样的情况下，胜率和赔率对收益来说都很重要。

如果有一匹马体重更轻，腿更长，过去战绩辉煌，骑师也是出名的好手，大多数人都能看出这是一匹好马，胜率很大，那么自然会有很多人买这匹马独赢。但是如果大多数人都赌这匹马独赢，那么即使它确实成为头马，同样的彩池，分的人很多，每个人也分不到多少，就是说赔率很低。比如，这匹好马的赔率是 1 赔 3，你下注 100 元，最多拿回来 300 元。但是大家都不看好的某匹烂马的赔率是 1 赔 100，你下注 100 元，一旦赢了，能赢回来 1 万元。学过概率论的同学知道，用费马和帕斯卡的概率分析方法，你的期望收益率相当于胜率乘赔率，好马胜率很高但赔率很低，烂马胜率很低但赔率很高，综合来看，很难从统计学上清清楚楚地算出哪匹马的期望收益率最高。人们赌马很难赢钱，难就难在高胜率与高赔率如同鱼与熊掌，二者不可兼得。所以，赌马的老手知道，马好和马票好是两回事。

股票价格的变化也是如此。公司基本面如同马的胜率，股价如同赔率，越好的公司胜率越高，买的人越多，股价越高，未来的升值空间越小，赔率越低。这样一来，好公司的股票和烂公司的股票期望收益率谁高谁低，股票投资的专家老手往往也难以判断。做过几年股票投资的人都知道，在牛市顶部买再好的明星公司也会亏钱，在熊市底部以超级低估的价格买再烂的公司也会赚钱。好公司和好股票是两回事。

2. 投资机会是复杂的，市场上有的投资机会和你能把握住的投资机会是两回事。

赛马场也好，股票市场也好，其实都是合法的赌场。赌场永远有赚大钱的机会，但是个人的能力有限，信息有限，能够把握住的机会有限。对于很多机会，人们往往是事后诸葛亮，事前根本看不到。

赛马场和股票市场的赢家确实有共同的精明过人之处，他们能看到哪些标的的价格被市场定错了。这种既有好胜率又有好赔率，综合来看期望收益率非常好的机会不多，一旦碰到，就要下重注，重兵出击。大部分时间没有什么好机会，那就按兵不动。就是这么简单。

芒格说，你这一辈子做投资，绝对不会聪明到能够找到 1 000 次机会的程度，一辈子能找到十次八次大机会，并且敢于下重注，你就足够赚到大钱了。

芒格跟巴菲特合伙管理的伯克希尔－哈撒韦公司通过投资赚到了几百亿美元，其中大部分都来自前 10 个大机会。而这些机会，就是以合理的价格买入那些优质的企业。我觉得巴菲特有句话说得非常贴切：用非常便宜的价格买入一般的企业，不如用比较合理但并不算便宜的价格买入非同一般的好企业。"非同一般的好企业"代表长期的胜率，"比较合理的价格"代表适当的赔率。好公司极少会特别便宜。

3. 投资策略是复杂的，一时成功和长期成长是两回事。

达尔文说，能够生存下来的物种，不是最强的，也不是最聪明的，而是最能够适应环境变化的。芒格也曾特别强调，伯克希尔的投资方法不是一直不变的，而是根据实际情况的变化而相应调整变化的。芒格和巴菲特的投资策略像生物进化一样不断进化，对外适应投资环境的发展变化，对内适应伯克希尔的发展变化。

巴菲特初期并不是特别看重公司的盈利质量，主要是按照格雷厄姆的方法，从资产数量判断股价是否便宜。但是后来，随着股市投资变得非常热门，股价水平上升，符合格雷厄姆选股指标的好股票一下子消失了。

巴菲特说，如果一直使用格雷厄姆的老方法，他就赚不到这么多钱。芒格比巴菲特更早发现股市中的变化，在芒格的影响之下，巴菲特逐步调整投资策略，开始集中投资于高质量企业，致力于寻找超级明星股票。

即使在坚定遵循这个策略之后，巴菲特和芒格也仍在不断进化，从消费股到媒体股，再到银行股和公共事业股，最近又拓展到科技股，他们的投资一直保持与时俱进。

第三，还要心不乱，心乱就会出大错

上市公司的股价波动，表面上看是市场面的波动，长期来看是基本面的波动，短期来看更多是心理面的波动。

心理学要比数学、物理、化学那些自然科学复杂得多。但如果你想掌握做人做事之道，学习心理学再重要不过，在投资上尤其如此。

传统经济学认为人是理性的，市场是理性的，事实上根本就不是如此。芒格结合自己一生的商业投资经历，总结出 20 多种心理认知偏差，他称之为人类误判心理学。芒格认为，理解这 20 多种认知偏差极其重要，聪明绝顶的人如果忽视了这些，也会犯下愚蠢透顶的错误。即使芒格本人也难以避免："我就犯过几次这样的大错。人不可能完全避免犯愚蠢的错误。"

心理学真的这么重要吗？我从芒格总结归纳的 20 多种心理认知偏差中挑出 3 种，简单说一说，你就明白了。为什么一些人在平时的生活和工作中相当聪明，相当成功，但一做投资就不行了，其实关键原因就是过不了心理关。

第一大投资心理认知偏差：过度自信。

我们平时工作生活在一个正常的、平均的世界中，通常以前越成功，以后就越成功，但是股票市场是一个不正常的世界，会周期性大涨又大跌，现在越成功，以后反而可能越失败。牛市中孕育着熊市，熊市中孕育着牛市。股市越是大涨，你赚得越多，越自信，越会高位追涨大量买入，结果在牛市的顶部阶段，你最自信，买得最多，市场突然反转，进入熊市，持续大跌，导致亏损巨大。淹死的多数是会水的人，亏钱多的多数是觉得自己特别聪明的人。

第二大投资心理认知偏差：损失厌恶。

既然已经知道自己分析判断失误，为什么不及时止损，认错退出？这源于人类的损失厌恶心理。我们不愿意承认失败，不愿意接受损失。那些不回本，无论如何都不卖出股票的人，其实就是抱着侥幸心理，认为不卖还有机会回本，卖了就成永久性投资损失了。

第三大投资心理认知偏差：羊群效应。

为什么明明人人都知道不要高位追涨、低位杀跌，逆向投资才能赚钱，但几乎人人都做不到呢？这是因为人类天性喜欢简单，喜欢轻松，喜欢从众。我们宁愿跟随大众而失败，也不愿意反对大众而成功，因为那样做心理压力太大了。从众心理是人的本能。

毫无疑问，基础的心理学知识极其重要。芒格认为，任何一个聪明人学习一个星期，都能基本上理解这些认知偏差。在心理学通俗读物中，芒格推荐《影响力》和《思考，快与慢》。两本书结合阅读，大有裨益。

建立投资分析检查清单

芒格之所以是让巴菲特和盖茨都佩服的聪明人，关键在于他过人的分析能力。芒格的具体分析方法非常复杂，但是形式简单明了，就是将需要考虑的事项化大为小，列成清单，逐一分析。

先分析公司基本面。

比如，公司的业务有持续竞争优势吗？如果有，那么是什么优势？规模优势，差异化优势，还是成本优势？优势有多大？可持续性有多强？为什么对手难以复制？芒格会同时考虑企业的方方面面，既考虑外部因素，又考虑内部因素，对企业的整体情况进行量化分析，以好、中、坏三种情境预测公司未来多年的盈利水平，既要考虑企业的优势与潜力，又要考虑潜在的风险。

再分析股票估值面。

根据公司未来多年的盈利预测，按照好、中、坏不同情境的概率，综合推断企业的预期收益和现金流水平。然后再预测未来好、中、坏三种情景下的通胀率，以及适用于这家公司的折现率。要把风险因素考虑进来，要对比机会成本。综合不同情境及其概率，整体判断这只股票未来的估值区间。

最后，综合分析投资组合。

个股分析结束后，还要分析投资组合的整体情况，特别是股票与债券的配置。对于伯克希尔这个以保险业务为核心的集团来说，流动性非常重要，不能只看投资收益，还要看流动性，保证保单可以及时、足额赔付。而且，要将股票投资和并购投资一起作为权益投资，综合分析。

以上三个层面的分析都属于理性分析。芒格提出，有时我们以为自己是在理性分析，其实不知不觉就会陷入心理误区，出现认知偏差。所以，芒格强调要进行双轨分析。

双轨分析就是在理性分析的同时进行心理分析，评估哪些心理因素可能导致认知偏差，通过心理分析的方式对理性分析的结果进行检查。

投资这件事太复杂了，需要分析的项目涉及方方面面，需要用到很多学科的基础思维模型。这么多分析项目和思维模型，只靠记忆力，难免遗漏。芒格认为，要像飞行员驾驶飞机一样，先建立检查清单，然后逐一对照，逐一核实，一项也不能少。芒格本人会随身携带一张清单，遇到复杂问题时，只靠脑子简单思考不行，必须靠清单才能确保不会遗漏。

为什么机构投资者的投资业绩整体上看比个人

投资者好得多？关键也在于流程和清单，其中有些项目是法律法规强制的，更多的是多年积累形成的。个人投资者学会检查清单这一条，对提升投资业绩来说就非常有帮助了。

最后，总结一下查理·芒格的投资三招：先要博学，掌握多学科基础思维模型；后要专精，不断练习，直到专业精通股票投资；还要心不乱，有意识地克服心理认知偏差，不要轻易相信自己下意识的判断。最后，要把这三招融会贯通，有个简单有效的办法，就是像飞行员一样使用检查清单，逐项分析股票投资策略涉及的方方面面，确保重大事项无一错漏。这些都做好了，你驾驭的投资组合就会像飞行员驾驶的飞机一样顺利到达预期的目的地。

一生十次大机会，投资先博后要专。

先博后专心不乱，一一检查对清单。

为什么应该阅读"传奇投资人的
智慧"系列图书?

沃伦·巴菲特可能是现代股市历史上最有名、最成功的投资者,他在谈到投资时表示:"这很简单,但并不容易。"他的搭档查理·芒格的表述与其非常相似:"认真对待一个简单的想法。"

成功的投资策略并不是秘密。我们在"传奇投资人的智慧"系列图书中介绍的投资策略都非常简单,它们都秉承了巴菲特和芒格等人的投资精神。你只需要了解书中所讨论的策略的运作原理,然后坚持将这些理论付诸实践。

在本系列图书中,我们均从传奇投资人的人生经历起笔。你很快就会发现,早年生活往往造就了后来的投资成就。沃伦·巴菲特的童年逸事几乎成为经典：小沃伦带着一个硬币自动兑换器在自家附近走来走去，以每瓶 5 美分的价格兜售可口可乐。而在此之前，他在祖父的杂货店以 25 美分的价格批发 6 瓶装的可口可乐。他是这样计算的：投资 25 美分，目的是获得 30 美分的收入（5 美分 / 瓶 × 6 瓶），这样利润率可以达到 20%。相传，正是这 20% 的利润率影响了他的一生。巴菲特在做生意的过程中一直追求这样的利润率，而他的确做到了。

虽然我们无法复制传奇投资人的童年经历，但是你可以通过这套系列图书了解他们是如何实现自身的个性发展的。然后，我们将向你介绍他们的投资成功案例以及投资策略，正是这些策略使查理·芒格、巴菲特以及其他传奇投资人如此成功。

在过去几年、几十年或几个世纪里，已经有十几位投资高手找到了成功的路径，你为何还要尝试"发明"一种全新的、未经检验的投资策略？模仿投资高手的基本策略并不是不光彩的事情，相反，识别、理解和成功实践这些策略已经成为一门艺术。另外，你如果仅仅依靠自己的想法，而忽视成功投资人的见解，就很容易重复别人已经犯过的错误，甚至会在某些时候进入死胡同。如果向最好的榜样学习，你就可以避免走弯路。

这并不意味着要在所有事情上都复制成功投资人的决策，而是要求你理解他们的决策过程和决策本身。特兰·格里芬在其著作《查理·芒格的原则》中这样写道：

> 就像没有人可以成为第二个沃伦·巴菲特一样，也不会有人成为第二个查理·芒格。我们不必像对待英雄那样对待任何人，而是要考虑芒格是否像他的偶像本杰明·富兰克林那样拥有我们想要效仿的素质、特质、投资体系或生活方式，即使只有部分值得借鉴。同样的方法也可以解释芒格为什么会阅读数百部人物传记。从他人的成败中吸取经验教

训是最快的学习方式之一，可以让自己变得更加聪明，却不必忍受很大的痛苦。

最后，即使人们不能马上从股市中获得利润，查理·芒格也呼吁大家坚持不懈："第一个 10 万美元真的很难赚。"

我们希望你喜欢本书，并预祝你今后在股市中财源广进。

海因茨·温克劳

罗尔夫·莫里安

第一部分

查理·芒格：伯克希尔 – 哈撒韦公司的幕后智囊

查理·芒格于1924年新年出生于内布拉斯加州的奥马哈市，是律师阿尔弗雷德·凯斯·芒格和妻子弗洛伦斯的长子。芒格家族是一个传统的律师家庭。查理的祖父托马斯·查尔斯·芒格曾经在内布拉斯加州林肯市做法官，查理的父亲也是法律专业出身，于1915年在内布拉斯加州奥马哈市开设了一家律师事务所，并在那里执业直至1959年去世。

　　奥马哈市是内布拉斯加州最大的城市，拥有44万人口。奥马哈是著名演员弗雷德·阿斯泰尔、马龙·白兰度、尼克·诺特以及美国第38任总统杰拉尔德·福特的出生地，民权活动家马尔科姆·艾克斯也生于这座城市。在战后的几年时间里，奥马哈市逐渐成为投资者的大本营，这归功于投资控股公司伯克希尔－哈撒韦的领军人物沃伦·巴菲特和查理·芒格。每年春天，数以万计的投资者都会涌入奥马哈参加伯克希尔－哈撒韦的年度股东大会。人们对这个活动很着迷，董事会成员巴菲特和芒格会在活动中介绍公司的最新经营数据和发展情况。

附记 ｜ 参加年度股东大会

你如果正在持有或计划购买伯克希尔－哈撒韦公司的股票，并希望参加在奥马哈市举行的年度股东大会，不妨阅读一下内部提示：在年度股东大会（传统上在 5 月的第一个星期六举行）前夕，会增加一个在波仙珠宝店举办的伯克希尔特别股东聚会。股东可以以很大的折扣购买珠宝。沃伦·巴菲特通常还会亲自推销珠宝，让柜台前热闹非凡。

年度股东大会也被称为资本家的伍德斯托克音乐节，沃伦·巴菲特和查理·芒格会在会上简要回顾过去一年的商业成绩，然后用几个小时回答投资者和记者的问题。这个环节经常会上演一个经典的场景，沃伦·巴菲特先回答问题，结尾时转向查理·芒格，问道："你还有什么要补充的吗？"查理·芒格回答："我没有什么要补充的了。"在年度股东大会之后，股东们会在内布拉斯加家具城内举行伯克希尔野餐会。只有股东和经过认证的记者能够参加年度大会和股东活动。值得一提的是，伯克希尔 – 哈撒韦公司的 B 股持有者也可以出席年度股东大会，而且每位股东可以带三个人一起赴会。

尽管查理·芒格 17 岁就离开了家乡，但他非常喜欢回家乡探望家人。他这样表达自己对出生地的热爱："你可以带一个男孩离开奥马哈，但不会从这个男孩身上夺走奥马哈。"[1]

在奥马哈的童年和青春期

（1924—1941）

芒格就读于邓迪小学，毕业后进入奥马哈中央中学。尽管出生于一个热爱阅读的家庭，芒格却发现自己有阅读障碍。多亏了母亲的大力支持，这种情况才发生了变化，芒格从很小的时候就开始阅读高深的书籍。"我在书本中遇到了伟大的知识分子，而不是在课堂上。我不记得我第一次读本杰明·富兰克林的书是什么时候。当我七八岁的时候，我的床上有一本托马斯·杰斐逊的书。"[2]

年轻的时候，查理经常和邻居戴维斯一家在一起。他的妹妹玛丽是威拉·戴维斯最好的朋友，查理是戴维斯家的儿子艾迪和尼尔的朋友。查理曾高度评价戴维斯先生，认为他是一名成功的医生。"埃德·戴维斯先生是我父亲最好的朋友。作为一个10岁左右的男孩，我做了一件不寻常的事情，我成了我父亲的朋友的朋友。我和埃德·戴维斯相处得很好，我们能互相理解。"[3]

多年后，戴维斯家族成为首批押注沃伦·巴菲特的投资者之一。尼尔·戴维斯将查理·芒格介绍给了他的朋友沃伦·巴菲特。20世纪30年代初期的大萧条摧毁了许多美国家庭，但并未引起芒格一家的太多关注。这主要是因为芒格的父亲在这段时期为一家小肥皂公司打官司。该诉讼被获准向美国最高法院上诉，并由高露洁集团接管。阿尔弗雷德·芒格为此获得了一笔丰厚的薪酬。尽管家庭已经逐渐富裕起来，但芒格还是做了各种各样的暑期工，他也因此第一次接触巴菲特家族。"我第一次接触巴菲特家的人是我在沃伦祖父的杂货店工作的时候。在那里，工作时间长，工资低，需要绝对服从命令，还要求零失误。"[4]芒格这样总结道。由于在杂货店里的工作既艰难又不愉快，芒格结束了这段作为零售商的职业生涯："在巴菲特家的杂货店，我首次体验商业生活。这种职业需要长时间艰苦、准确的工作，这促使许多年轻工人，包括我自己（以及后来的沃伦），寻找更轻松的职业。"[5] 查理·芒格的这段工作经历距离他认识沃伦·巴菲特还有一段时间。

兵役和学业

（1941—1948）

高中毕业后不久，查理·芒格离开家乡，前往密歇根大学安娜堡分校主修数学。他还学习了物理学入门课程。他特别喜欢那里的学习生活，认为学校教授的是科学的方法。"作为一名科学家或业余科学家，我并不活跃，但我非常尊重科学，我发现那里使用的方法在其他领域也非常有帮助。"[6]

日本袭击珍珠港后，美国参战。芒格因此辍学，并于1942年年底加入美国空军的前身美国陆军航空队。他以优异的成绩通过了军事等级考试，此后在短时间内从普通士兵晋升至中尉。

作为一名军官，查理·芒格首先被调到新墨西哥大学（位于阿尔布开克基），然后转到加州理工学院（位于帕萨迪纳），在那里，他接受了气象学培训。芒格对洛杉矶都会区的帕萨迪纳非常着迷，战后他搬到了那里。"南加州的城市与内布拉斯加州不同。帕萨迪纳看起来比奥马哈这座我喜欢的城市更大、更有趣。"[7]

在接受气象学培训后，芒格被调往阿拉斯加。"我从未参与过战斗。我驻扎在诺姆。我不能再远离战争了。"查理·芒格后来说。然而，在阿拉斯加的孤独中，芒格也为他的晚年生活学到了一些东西："和战友们打扑克锻炼了我的商业能力。最重要的是，你必须学会在赔率很低的时候及时弃牌，以及在有好牌的情况下敢于加注。你不会经常拿到好牌，但机会确实会来。好机会并不常有，所以，当机会来临时，要好好利用它们。"[8]

在军队服役期间，查理·芒格与他的第一任妻子南希·哈金斯结婚，南希·哈金斯是他妹妹玛丽的朋友。这对年轻夫妇育有三个孩子：泰迪、莫莉和温迪。1946 年，芒格退伍后，决定追随父亲的脚步从事法律工作。他没有在大学毕业时申请马萨诸塞州剑桥市的哈佛大学法学院。要想成功申请，他只能通过罗斯科·庞德家族的朋友的推荐。庞德来自内布拉斯加州的林肯市，1916—1937 年担任哈佛大学法学院院长。仅仅两年后，查理·芒格就以优异的成绩毕业，获得了哈佛大学的法学博士学位。

法律工作、房地产业务和第一次投资

(1948—1965)

同年，他和他的小家庭搬到了南加州，并在那里开启律师职业生涯，加入了洛杉矶的赖特－加勒特律师事务所。他的底薪是每年 3 300 美元，相当于今天的 30 000 美元，仅略高于当时美国的人均收入 3 100 美元。[9] 芒格当时的储蓄为 1 500 美元，相当于现在的 14 000 美元左右。[10]

一到洛杉矶，查理就开始建立他的关系网。他在洛杉矶的法律界拥有了一些人脉，并成为加州俱乐部、以英国模式为基础的绅士俱乐部、洛杉矶乡村俱乐部、传统高尔夫俱乐部和海滩俱乐部的成员。20 世纪 50 年代初，芒格开始将他的收入投资于证券。他投资了他的客户埃迪·霍斯金斯的变压器工程公司，该公司为军火工业生产高质量的变压器。然而后来，这种变压器的需求下降，芒格和霍斯金斯在 20 世纪 60 年代初期出售了该公司。"这是一场艰苦的战斗，需要很多勇气。我们几乎失去了一切。"

"我们后来终于掌握了诀窍，虽然一开始并没有做得很好，但最终我们获得了可观的回报。"[11] 芒格说。芒格从这项对高科技领域的投资中获得了一些知识和经验，其中包括当时先进的变压器技术。直到晚年，他都非常不愿意投资新技术。

即使芒格早年为自己的职业生涯奠定了坚实的基础，20 世纪 50 年代对他来说仍然是一次严峻的考验。他和南希于 1953 年分居，随后选择离婚。南希和 3 个孩子住在帕萨迪纳的房子里，芒格则搬进了大学俱乐部的学生宿舍。莫莉·芒格这样描述父母分居的情形："我们非常清楚，与其他孩子相比，我们正在经历创伤。他（查理·芒格）开着一辆令人吃惊的车——黄色的庞蒂克。他的生活水平一直很高，这体现在他的穿着上，但那辆车子给人的印象是他连两便士都拿不出。"[12]

离婚一年后，芒格的长子泰迪被诊断出患有白血病。当时白血病无法治愈，泰迪在煎熬了一年后去世。

"我无法想象还有什么比看着自己的孩子离世更糟糕。"[13]芒格说，"他去世后，我的体重降低了10~15磅①。"[14]但查理·芒格最终从丧子之痛中恢复了过来。

1956年1月，他与南希·巴里·博思威克结婚，后者是他通过同事认识的。南希也离过婚，她带着两个儿子哈尔和戴维进入这个家庭。在接下来的几年里，查理和南希·芒格又生了4个孩子：3个儿子和1个女儿。加上南希在第一次婚姻中生下的2个男孩和查理与前妻生的2个女孩，南希一共

---

① 1磅≈0.453 6千克。——编者注

抚养了 8 个孩子，同时她还要照顾芒格一家。[15]

　　1959 年，查理的父亲阿尔弗雷德·芒格去世，查理回到家乡奥马哈打理父亲的遗产。在那里，查理·芒格与他童年最好的朋友尼尔·戴维斯重聚。戴维斯投资了巴菲特的一家投资公司，并认为查理和沃伦有一些共同点。于是，戴维斯在奥马哈俱乐部为他们安排了一顿饭。在这顿饭上，芒格和巴菲特第一次见面，这很奇怪，因为他们在同一个小镇长大。"沃伦，你在做什么？"芒格问。

　　"我有一家私募基金公司。""也许我可以在洛杉矶做这件事。"巴菲特看着他说："是的，我认为你可以。"[16] 关于他与沃伦·巴菲特的关系，芒格后来说："沃伦和我一开始就相处得很好，自从那次见面，我们一直是朋友和商业伙伴，即使我们的许多投资观点并不总是一致的。"[17]

　　芒格在处理好父亲的遗产问题之后回到了洛杉矶，此后通过定期打电话与沃伦·巴菲特保持联系。

当巴菲特的妻子问他为什么如此看重查理·芒格时，巴菲特回答说："你不明白，他不是普通人。"[18]

理论从根本上是正确的，但他批评了格雷厄姆的"烟蒂投资策略"。格雷厄姆将寻找有价值的低价股并从中获利比喻为在地上找到一截还能再吸一口的烟蒂，捡起来，点上，然后免费吸一口。

"本的理论存在缺陷。他忽略了这样一个事实，即一些公司值得拥有高溢价。"[20]虽然格雷厄姆一直在寻找远远低于资产价值的低价股，但芒格愿意为一流的商业模式支付资产价值的溢价。这就是两人不同的价值策略。

芒格也是"格雷厄姆社"[21]的创始人之一，该社的成员都是价值投资的支持者，大家定期会面，交流想法。格雷厄姆社的第一次聚会于1968年在科罗纳多（位于加利福尼亚州）举行。当时的参与者都是投资巨匠，如沃伦·巴菲特、比尔·鲁安、汤姆·纳普、沃尔特·施洛斯、亨利·勃兰特、大卫·桑迪·戈特斯曼、马歇尔·温伯格、埃德·安德森、巴迪·福克斯、杰克·亚历山大，当然还有本杰明·格雷厄姆本人。

在从事了几年律师工作之后，芒格发现自己显然不能靠这份工作致富，但致富是他的目标。"和沃伦一样，我对财富充满热情，"芒格说，"不是因为我想要法拉利，而是因为我想要独立，对此我充满渴望。我认为让别人帮忙付账单是很没有尊严的事情。我也不知道自己是从哪里得到这个观点的，但我就是这样想的。多年来，我的生活支出远远低于我的收入，省下来很多钱。"22

因此，他四处寻找替代方案，并开始了房地产开发领域的项目。1960 年，他在洛杉矶附近的汉考克公园购买了一块面积很大的空地，并将其开发为分户式公寓，以可观的利润出售了部分房产。

后来，他在剩余的土地上盖起了自己的房子，芒格一家今天仍然住在那里。基于这些经验，查理在几年后成为一名房地产开发商。作为法律工作的一部分，芒格本应出售他的客户、后来的朋友奥蒂斯·布斯的一部分不动产。然而，芒格建议布斯保留地产，并自行开发。"我对奥蒂斯说：'你可以自己建公寓。你不应该把这两栋房子交到外国人手里，而是应该买下它们，拆掉，然后重新划分地块，建造公寓并出售它们。'奥蒂斯回答：'查理，如果这是个好主意，你确信它行得通，那么你为什么不投入一点儿钱和我一起做？没有你的参与，我不能这样做。'"[23] 芒格毫不犹豫地接受了这个提议，将第一项房地产业务的利润（20万美元）按比例投资于接下来的房地产开发项目，让自己的资产稳步增加。"到我毕业时，我已经从房地产业务中赚了140万美元。在那时，那是一大笔钱。"[24] 芒格后来说。无论如何，这都是查理·芒格在未来几年进行投资交易的良好基础。

惠勒和芒格的投资伙伴关系

（1962—1976）

1962 年，芒格创立了两家新公司。他与赖特－加勒特律师事务所的几位律师同事成立了自己的律师事务所，名为芒格－托尔斯－希尔斯－伍德。除了事务所，查理·芒格和杰克·惠勒于 1962 年 2 月创立了惠勒－芒格投资合伙公司。两年后，芒格从律师事务所的日常经营中退出，将职业重点转向投资业务。"我对惠勒－芒格投资合伙公司更有信心，因为它让我赚到了更多的钱。"[25] 芒格说。同时，他继续为先前与同事创办的律师事务所提供咨询，并成立了专门的咨询办公室。[26] 芒格和后来加入的巴菲特在退出后仍然是这家律师事务所的合法代表，他们经常将一些客户推荐过去。这家律师事务所现在更名为芒格－托尔斯－奥尔森，是美国屡获殊荣的律师事务所之一，在洛杉矶、旧金山和华盛顿特区都设有办事处。[27]

附记 | 芒格家族——律政世家

如前所述，查理·芒格出生于一个法律世家。查理的祖父托马斯·查尔斯·芒格虽出身贫寒，后来却成了联邦法官。他的儿子阿尔弗雷德也学习法律，并当了44年律师。即使查理·芒格后来放弃了他的法律事业，家族传统也依旧保留了下来。芒格的8个孩子中有4个是律师，5个与律师结婚。

惠勒－芒格投资合伙公司搬进了洛杉矶太平洋海岸证券交易所的办公室。杰克·惠勒毕业于耶鲁大学，曾在交易所担任交易员。他是芒格的客户，经常和他一起打扑克。惠勒－芒格投资合伙公司先聘请了一位秘书，后来又聘请了一位名叫安德森的助理。沃伦·巴菲特曾在格雷厄姆 – 纽曼公司与安德森合作，并将安德森推荐给芒格。

然而，过了一段时间，芒格意识到自己与惠勒的合作并不顺利。因此，他邀请他的朋友阿尔·马歇尔加入合伙公司。他对惠勒的评价是："他为人非常慷慨，生活很有条理。他的工作很出色，但偶尔会犯很严重的错误。"[28] 最后，芒格以继续参与利润分配为条件说服惠勒退出了惠勒 – 芒格投资合伙公司的主要业务。

附记 | 高尔夫球场上的生意

在《每日新闻报》的一次股东大会上，芒格分享了他最成功的投资之一：1962 年的一天，他与新朋友阿尔·马歇尔打高尔夫球。那时马歇尔已经退出了石油行业，但他计划将自己的钱投资于石油许可证。在打第二洞时，芒格问他计划购买哪些许可证。在打第三洞时，芒格告诉马歇尔他的做法有问题。马歇尔随后决定与芒格合作，由芒格负责财务和税收，自己负责剩下的事情。芒格一次性投资了1 000美元的许可证，这些许可证的交易价格远低于其价值。"多年来，芒格每年赚10万美元"。[29]根据芒格的说法，这件事唯一的遗憾是它只发生过一次。可他抓住了这仅有的机会！

作为一家投资公司，惠勒－芒格投资合伙公司的资金来自所有者，包括股东的那些有影响力的朋友。芒格本人将他在房地产业务中赚到的大约30万美元投入合伙企业。芒格的商业合伙人奥蒂斯·布斯也投资了。"我加入了最伟大的投资者行列，并长期保持这种状态。"[30]布斯后来说。芒格并不回避，他的公司以贷款形式为利润丰厚而安全的投资交易提供资金。当时，按照本杰明·格雷厄姆的传统，他将资金投向了"烟蒂公司"，即那些早已过了巅峰期，但仍然能够从剩余的价值中获利（购买价格低于内在价值）的公司。

惠勒－芒格投资合伙公司还经营套利业务，也会收购较小的公司。套利交易的一个例子是购买不列颠哥伦比亚电力公司的股票。（如果不同市场的股票价格存在差异，就可以在证券交易所进行套利交易。）加拿大政府对该公司股票的出价略低于22美元，当时的交易价格为19美元。芒格认为这项业务是无风险的，把所有的资金都投入了不列颠哥伦比亚电力公司。此外，他还借了300万美元，购买了这家公司更多的股票。正如事实证明的那样，他的投资都很成功。[31]

芒格在20世纪60年代与巴菲特定期保持电话联系。尽管还不是正式的合作伙伴，两位价值投资者仍然缓慢、稳定地发展着合作关系。芒格和巴菲特都参与了与不列颠哥伦比亚电力公司的交易。[32]两位投资者还相互提供建议。巴菲特向芒格推荐他以前的同事安德森担任新成立的惠勒－芒格投资合伙公司的助理；当巴菲特对内布拉斯加州风车制造商邓普斯特农具机械制造公司的投资失控时，芒格将巴菲特的注意力转移到重整专家哈里·博特尔身上。正如巴菲特所愿，博特尔迅速解决了这个问题。后来，他在致股东的信中写道："博特尔毫无疑问是最佳年度人物……他正在完成一件又一件被认为不可能的事情。"[33] 在遇到法律问题时，巴菲特也会向芒格－托尔斯－希尔斯－伍德律师事务所寻求建议和帮助。

1966 年年初，芒格创立了多元零售公司，这是一家控股公司，他与巴菲特和大卫·桑迪·戈特斯曼一起收购了几家零售公司。巴菲特持有多元零售公司 80% 的股份，其余股份由芒格和戈特斯曼平分。多元零售公司首先通过贷款并购了巴尔的摩的霍希尔德－科恩百货公司，这对巴菲特来说是不寻常的，但芒格在与不列颠哥伦比亚电力公司的套利交易中积累了很多贷款融资交易的经验。霍希尔德·科恩百货公司的生意并不好，芒格后来以购买价格将其出售。不久之后，多元零售公司收购了另一家经营女装的连锁百货公司"联合棉布商店"。[34]

"购买霍希尔德－科恩百货公司就像一个男人购买游艇,"芒格说,"他最开心的两天是他买入那一天和卖出那一天。"[35]

芒格和巴菲特独立进行的投资也有很大的相似之处。20世纪60年代末,两人都购买了加利福尼亚州帕萨迪纳的赠品公司蓝筹印花公司的大量股份。蓝筹印花公司的股票对芒格和巴菲特等投资者来说很有吸引力,由于其商业模式类似于保险公司和银行,因此这家公司总是拥有流动资金(浮存金)。从印花优惠券的派发到顾客用贴满印花的小册子兑换商品,通常要经过几个月甚至几年,因此,蓝筹印花公司可以在很长的时间内免费使用发行印花优惠券所产生的收入。

芒格和巴菲特在20世纪70年代初获得蓝筹印花公司的多数股份后,将该公司当作一种投资工具。1972年,芒格和巴菲特通过蓝筹印花公司从洛杉矶购买了喜诗糖果公司。用严格的价值投资理论衡量，收购喜诗糖果公司利润并不高，因为它在证券交易所的估值是其账面价值的3倍。但考虑它所拥有的特殊价值（知名度很高的品牌、良好的声誉和几乎无限的定价权），这次收购肯定是有前景的——尤其是从芒格的角度来看。芒格终于让巴菲特相信喜诗糖果公司值得投资，并评论道："那是我们第一次为质量本身投资。"[36]

附记 | 查理·芒格——派对达人、科学之友和慈善家

关于查理·芒格这个人的故事有很多。罗杰·洛温斯坦这样描述他："查理非常有趣，而且非常自信。……与他在奥马哈的伙伴相比，他的生活丰富多彩，他曾前往各大洲，在不同水域钓鳟鱼、北梭鱼和大西洋鲑鱼。他是加州俱乐部的派对达人，尤其是在他喝了一杯酒之后。"[37]

罗杰·洛温斯坦将芒格描述为科学之友："芒格对许多知识领域（科学、历史、哲学、心理学、数学）充满热情，并且相信每一个领域都有值得借鉴的概念，有思想的人应该将这些概念应用于他们所有的风险投资，包括投资决策。"[38]

查理·芒格也被称为慷慨的慈善家，正如珍妮特·洛尔所述："芒格多次将他持有的伯克希尔股票捐赠给好撒玛利亚医院、美国计划生育联盟、斯坦福大学法学院和哈佛西湖中学，每次捐几百股。"[39]伯克希尔－哈撒韦公司的A股股价当时（2018年3月）已经超过了25万欧元。

芒格还通过蓝筹印花公司与巴菲特合作进行了另一笔大交易。1972年，蓝筹印花公司购买了韦斯科金融公司8%的股份，这是一家投资控股公司，拥有存款，位于帕萨迪纳。该公司物超所值，因为韦斯科股票的交易价格不到每股账面价值的一半。然而，在1月，韦斯科金融公司宣布有意与另一家储蓄银行圣巴巴拉金融公司合并。巴菲特和芒格对合并条款感到失望，并联系了韦斯科金融公司的高管层。经过长时间的谈判，巴菲特说服公司创始人的女儿伊丽莎白·彼得斯取消计划中的合并。合并失败后，韦斯科股价大幅下跌。蓝筹印花公司提议向股东以取消合并前的价格购买股票，因此，蓝筹印花公司在 1974 年年中之前获得了韦斯科金融公司的大部分股份。

然而，由于与韦斯科金融公司进行交易，巴菲特和芒格接受了美国证券交易委员会的调查。美国证券交易委员会调查了蓝筹印花公司破坏合并、收购韦斯科金融公司等相关事项。两年后，美国证券交易委员会宣布结案。蓝筹印花公司收到了警告并赔偿了 11.5 万美元。

到 1972 年年底，芒格和里克·古瑞恩（一位拥有蓝筹印花公司股份的投资者）购买了状况不佳的封闭式风险投资基金莱特斯。收购后不久，芒格和古瑞恩对基金进行了重组，将其更名为新美国基金会，更换了高管层，重新调整了投资策略。该基金出售了部分股票，并根据价值投资的标准配置了新的股票。例如，媒体集团大都会通信公司和来自洛杉矶的出版商《每日新闻报》的股份被添加到这只基金的投资组合中。[40]

在文章《新美国基金会的股东天堂》中，戴维·桑特里这样描述新美国基金会的成功："新美国基金会避免向外部投资顾问支付高额费用。调整投资策略的工作是在里克·古瑞恩的监督下在内部进行的。此外，……这位高管的年收入仅为 54 950 美元。……近几年，这只基金的趋势非常好：每股账面价值从 1974 年 10 月的 9.28 美元上升到 1979 年 9 月 30 日的 29.28 美元。"[41] 芒格和古瑞恩一直负责管理新美国基金会，直到 1986 年基金会解散。

附记 | 约翰·帕特里克（里克）·古瑞恩

里克·古瑞恩毕业于加州大学数学系，曾在 IBM（国际商业机器公司）担任销售员。后来，他去了证券交易所，担任股票经纪人。认识芒格后，他开始模仿芒格和巴菲特的投资风格，成立了自己的投资公司博智资本。尽管波动性很大，这家公司还是在 1965—1983 年实现了 32.9% 的年收益率。

　　20 世纪 70 年代后期，芒格和巴菲特达成了另一笔惊人的交易：他们通过蓝筹印花公司以 3 550 万美元的价格收购了《布法罗晚报》。但是，当这家报纸出版商开始免费推出周日版时，当地的竞争对手《信使快报》以《布法罗晚报》想要非法垄断的理由起诉了它。经过漫长的诉讼和一些员工的罢工，《布法罗晚报》损失惨重。然而《信使快报》在此期间同样损失惨重，并于 1982 年停刊。芒格和巴菲特的耐心终于得到了回报：在接下来的 5 年里，《布法罗晚报》赚取了超过 1.5 亿美元的巨额利润。[42]

　　芒格和巴菲特通过蓝筹印花公司进行的另一笔交易是购买原始资本 20% 的股份。原始资本是由声名狼藉的"冲锋队式"基金经理弗雷德·卡尔于1968年创立的基金。在卡尔放弃这只破败的基金时，它的每股账面价值为18美元，但交易价格仅为9美元。它成了芒格和巴菲特这类价值投资者的盘中餐。当蓝筹印花公司后来出售原始资本时，它的价格翻了一番。[43]

1962—1969年，惠勒－芒格投资合伙公司实现了37.1%的年收益率，远远超过道琼斯指数。1970—1972年，它的年收益率仅略高于道琼斯指数的13.9%。在接下来的危机中，惠勒－芒格投资合伙公司的亏损远高于道琼斯指数。1973年的收益率为–31.9%（道琼斯指数为–13.1），1974年为–31.5%（道琼斯指数为–23.1）。"1973—1974年是一段令人非常不舒服的艰难时期。"[44]查理·芒格后来说。

即使惠勒－芒格投资合伙公司的表现在1975年明显恢复，年收益率上升到创纪录的73.2%（道琼斯指数为44.4），芒格和惠勒还是在1976年年初决定结束他们的合作关系。清算后，公司的投资者收到了分配给他们的多元零售公司和蓝筹印花公司的股份。当这两家公司于 1978 年和 1983 年并入伯克希尔－哈撒韦公司后，前惠勒－芒格投资合伙公司的投资者可以将股份换成伯克希尔－哈撒韦公司的股份或新美国基金会的份额。

"当尘埃落定时，我的家人从惠勒－芒格投资合伙公司中赚了大约 300 万美元，另外还有 200 万美元来自房地产交易，"芒格说，"那是一大笔钱，当时是赚钱的好时机。我手上有很好的证券，市场中也有便宜的证券可以买。"[45]

然而，在个人生活方面，查理·芒格在这段时期经历了不少挫折。1974 年 7 月，他的母亲弗洛伦斯·芒格去世。与此同时，查理的健康出了问题。他患上了白内障，并于 1978 年冒着完全失明的风险进行了一次眼科手术。然而，他的左眼在接受手术之后，出现了并发症，极度疼痛。芒格只好在医生的建议下将这只眼睛的眼球摘除，换上一只玻璃眼球。在随后的右眼手术中，他特别要求不更换人工晶状体。从那时起，他一直戴着镜片很厚的白内障眼镜。芒格后来自嘲似的评价了这款光学辅助设备："现在你几乎找不到白内障眼镜了。也许我拥有了世界上的最后一副。"[46]

伯克希尔－哈撒韦公司副董事长、韦斯科金融公司董事长等（1978 年至今）

我知道（在伯克希尔－哈撒韦公司）事情的进展会很顺利，但也不一定那么完美。[47]

由于韦斯科金融公司的收购过程和美国证券交易委员会的相关调查令人伤脑筋，沃伦·巴菲特对复杂的公司结构进行了重组。1978 年，他将多元零售公司与伯克希尔－哈撒韦公司合并。芒格因持有多元零售公司的股份而获得了伯克希尔－哈撒韦公司 2% 的股份，正式成为沃伦·巴菲特的合伙人。他被任命为伯克希尔－哈撒韦公司的副董事长。

芒格留在了阳光普照的帕萨迪纳，在伯克希尔的幕后更加活跃。"芒格对巴菲特在思维方式上的影响一直远大于他在财务方面的影响。巴菲特的传记作者艾丽斯·施罗德说："他们在商业行为上最重要的区别是，芒格偶尔会否决那些巴菲特想要签署的合同。"[48]

在芒格 1978 年被任命为副董事长后，伯克希尔－哈撒韦公司的表现很出色。在此后的 39 年中，伯克希尔股票的表现有 29 年优于标准普尔 500 指数，业绩很好。

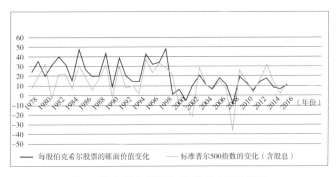

图1 伯克希尔股票与标准普尔500指数

这样的业绩是通过投资高价值股票实现的。例如，在过去的40年里，伯克希尔－哈撒韦公司购买了以下知名公司的大量股票或大宗股份。

- 银行：所罗门兄弟、高盛和富国银行。
- 媒体集团：《华盛顿邮报》和大都会通信公司。
- 饮料集团：可口可乐和健力士。
- 食品公司：美国亨氏集团。
- 通用再保险公司和慕尼黑再保险公司。
- 能源供应商：中国石油天然气集团有限公司和康菲石油公司。
- 其他知名公司：吉列公司、通用电气公司、箭牌糖果有限公司、约翰·迪尔公司和苹果公司。

截至2018年3月，伯克希尔－哈撒韦公司仍持有其中一些股份，部分股份被出售。

此外，芒格和巴菲特还通过伯克希尔－哈撒韦公司收购了70多家公司。其中包括《布法罗晚报》、内布拉斯加家具城、波仙珠宝店、斯科特－费策尔公司、快餐连锁店冰雪皇后、内衣品牌鲜果布衣、房地产经纪公司美国家政服务公司、移动房屋制造商克莱顿家园、美国伯灵顿北方圣太菲铁路运输公司、中美能源控股公司、电池制造商金霸王和政府雇员保险公司。

有关伯克希尔－哈撒韦公司投资和业绩记录的更多详细信息，请参阅《巴菲特投资精要》。

韦斯科金融公司

（20 世纪 70 年代后期—2011 年）

伯克希尔是巴菲特在芒格的帮助下绘制杰作的大画布。韦斯科是一张较小的画布，在巴菲特的帮助下，芒格在上面留下了自己的色彩印记。[49]

20 世纪 70 年代末，蓝筹印花公司收购了金融控股公司韦斯科金融公司 80.1% 的股份。芒格先被任命为韦斯科金融公司董事会成员，后于 1984 年被任命为总裁兼董事长。在接下来的几年里，他将韦斯科金融公司打造成了自己的投资工具，就像巴菲特对伯克希尔 – 哈撒韦公司所做的那样。

早在 1979 年 2 月，韦斯科金融公司就以约

1 500 万美元的价格收购了总部位于芝加哥的钢铁商品批发商精密钢仓公司。[50]20 世纪 80 年代中期，韦斯科金融公司成立了总部位于奥马哈的再保险公司——韦斯科金融保险公司，开展保险业务。该业务于 1996 年 7 月通过收购堪萨斯银行家担保公司得到扩展。为了收购这家公司，韦斯科金融保险公司支付了大约 8 000 万美元的现金。[51]

由于保险公司的整合，韦斯科金融公司不断获得浮存金，即客户缴纳的保费，芒格将其用于进一步投资。韦斯科金融公司对保险的关注与伯克希尔－哈撒韦公司非常相似。巴菲特很早就认识到了浮存金的潜力，并购买了保险公司、银行和蓝筹印花公司的股票，这些公司都能带来浮存金。

1993 年，韦斯科金融公司宣布放弃原有的核心板块帕萨迪纳住房储蓄银行。此前，这家银行 9 200 万美元的贷款组合、2.3 亿美元的存款和两个互惠储蓄办事处已被出售给位于帕萨迪纳的森费德金融公司。[52]芒格对这一变化以及当时复杂的情形做出了评价："我们为什么不去做更多对我们有利的事情（保险业务），而去做那么复杂的事情（住房贷款业务）？"[53]

互惠储蓄和贷款业务的一小部分，即摩根士丹利地产公司，继续为韦斯科金融公司所有。位于帕萨迪纳的摩根士丹利地产公司负责管理办公楼和加州高地的一个小型购物中心。在摩根士丹利地产公司的建议下，芒格在圣巴巴拉开发了一个更大的住宅区，即蒙特西托海草甸。这个项目被巴菲特戏称为芒格维尔。在与管理机构进行了长期谈判后，工程才得以启动。住宅区建成后销售缓慢，许多买家来自查理·芒格的朋友圈。芒格的朋友、前合伙人奥蒂斯·布斯在购买芒格维尔的房子之后说："我买它是因为查理给我施加了压力，事实上我不需要这个房子。"该住宅项目以失败告终。[54]

2000年2月，韦斯科金融公司以3.86亿美元现金收购科特商业服务公司。[55]科特商业服务公司从事家具租赁业务，总部现在位于弗吉尼亚州的尚蒂伊。

除了收购公司，韦斯科金融公司还投资了高价值股票，将这些公司的资金储备用于融资。例如，1999年，韦斯科的资产负债表显示持有28亿美元。其中，仅房地美抵押贷款银行就占19亿美元。而此时，韦斯科还向可口可乐公司和吉列公司投资了8亿美元。韦斯科还拥有旅行者集团、全美航空公司的优先股以及美国运通公司和富国银行的较少股份。[56]

在投资策略（如浮动融资和选股）方面，我们不能否认韦斯科金融公司和伯克希尔－哈撒韦公司有某些相似之处。此外，芒格在担任韦斯科董事长期间也给股东写信，和巴菲特一样在信中总结公司的发展情况。在年度股东大会上，他还为股东和媒体代表设置问答环节。"我们在伯克希尔和韦斯科创造的东西在某种程度上已经发展成为一种崇拜。你可以认为这是一个神奇的组织，你喜欢参与其中的人，我们（巴菲特和芒格）也是这样。"[57] 当被问及伯克希尔－哈撒韦和韦斯科之间的相似性时，芒格表现得很敏感："韦斯科并不是伯克希尔－哈撒韦的翻版，而是一个更好的版本，因为它规模更小，更容易增长。"[58]

韦斯科的故事在 2011 年结束：伯克希尔－哈撒韦公司购买了韦斯科剩余 20% 仍处于自由流通状态的股份，控股公司宣告解散。在芒格担任韦斯科董事长的那些年里，韦斯科控股的发展势头明显优于标准普尔 500 指数，但仍落后于伯克希尔－哈撒韦。[59]

其他投资活动

除了担任伯克希尔－哈撒韦公司副董事长，芒格还积极参与其他公司的管理工作。他拥有位于洛杉矶的出版商《每日新闻报》的大量股份，以及总部位于西雅图附近伊瑟阔的批发连锁店开市客仓储式超市的股份。

作为《每日新闻报》的董事长，查理·芒格开始购买在 2009 年受到金融危机重创的公司的股票。其中包括合众银行、美国银行和富国银行。此外，他还收购了韩国领先的钢铁生产商浦项制铁公司的大量股份。与往常一样，芒格对股市表现出了敏锐的洞察力，并"为专业出版商注入了新的活力"。[60]

查理·芒格在 2009 年年初投资的 2 000 万美元到当年年底已增至 1.6 亿美元。截至 2015 年年底，其股份占《每日新闻报》总资产的 55%。他持有的银行类股票在 7 年之后成倍增长（富国银行的增长率为 570%，美国银行为 431%，合众银行为 374%）。2009—2015 年，只有浦项制铁公司出现了 31% 的亏损。[61]

附记 | 芒格经典语录

查理·芒格以言语犀利智慧著称。我们在此精选一些他的经典语录：

我在放肆无礼方面是黑带水平，天生如此。[62]

你如果不能将概率的基础知识纳入自己的知识体系，就会成为踢屁股比赛中的单腿人，在劣势下苦苦挣扎。[63]

即使把葡萄干混到粪堆里，粪堆仍然是粪堆。[64]

资本主义本来就是非常残酷的。[65]

我不喜欢做预测，因为我不喜欢在自己的办公桌上呕吐。[66]

永远不要和猪打架，因为你会把全身弄脏，猪却乐在其中。[67]

也许人们会记住我是个聪明人。[68]

沃伦·巴菲特和查理·芒格的成功案例

——伯克希尔-哈撒韦投资公司

毫无疑问，沃伦·巴菲特是伯克希尔-哈撒韦公司的缔造者，但查理·芒格也在这家公司留下了属于自己的印记。一开始，他为公司提供建议和观点，后来成了公司的商业伙伴。猜测巴菲特和芒格具体为公司的成功付出了多少是徒劳的。巴菲特一直以来被当作"便宜货猎手"，而芒格则愿意为顶级品质支付更高的价格。作为一个团队，巴菲特和芒格将价值投资提升到了一个新的水平。因此，伯克希尔-哈撒韦公司的成功也是芒格的成功。

在上市投资公司中，伯克希尔－哈撒韦的业绩是首屈一指的。在 50 多年的时间里，最初是巴菲特单打独斗，然后是巴菲特和芒格并肩作战，伯克希尔－哈撒韦的业绩几乎高出标准普尔 500 指数近 100%（伯克希尔为年均 19.1%，而标准普尔 500 指数为年均 9.9%）。

有关伯克希尔－哈撒韦的业绩情况，一些数据会对你有所启发。表 1 将 1965—2017 年伯克希尔－哈撒韦的每股账面价值与标准普尔 500 指数进行了比较。巴菲特更倾向于将账面价值作为决定性的变量，因为报告日的股价具有一定的偶然性，而账面价值可以显示"真正"的净资产价值。

表 1　伯克希尔－哈撒韦公司的每股账面价值增长率与
标准普尔 500 指数增长率的对比（1965—2017）

年份	伯克希尔－哈撒韦公司每股账面价值增长率（%）	标准普尔 500 指数增长率（含股息,%）	差额（%）
1965	+23.8	+10.0	+13.8
1966	+20.3	−11.7	+32.0
1967	+11.0	+30.9	−19.9

年份	伯克希尔－哈撒韦公司每股账面价值增长率（%）	标准普尔 500 指数增长率（含股息,%）	差额（%）
1968	+19.0	+11.0	+8.8
1969	+16.2	−8.4	+24.6
1970	+12.0	+3.9	+8.1
1971	+16.4	+14.6	+1.8
1972	+21.7	+18.9	+2.8
1973	+4.7	−14.8	+19.5
1974	+5.5	−26.4	+31.9
1975	+21.9	+37.2	−15.3
1976	+59.3	+23.6	+35.7
1977	+31.9	−7.4	+39.3
1978	+24.0	+6.4	+17.6
1979	+35.7	+18.2	+17.5
1980	+19.3	+32.3	−13.0
1981	+31.4	−5.0	+36.4
1982	+40.0	+21.4	+18.6
1983	+32.3	+22.4	+9.9
1984	+13.6	+6.1	+7.5
1985	+48.2	+31.6	+16.6
1986	+26.1	+18.6	+7.5
1987	+19.5	+5.1	+14.4
1988	+20.1	+16.6	+3.5
1989	+44.4	+31.7	+12.7
1990	+7.4	−3.1	+10.5
1991	+39.6	+30.5	+9.1
1992	+20.3	+7.6	+12.7

年份	伯克希尔 – 哈撒韦公司每股账面价值增长率（%）	标准普尔 500 指数增长率（含股息,%）	差额（%）
1993	+14.3	+10.1	+4.2
1994	+13.9	+1.3	+12.6
1995	+43.1	+37.6	+5.5
1996	+31.8	+23.0	+8.8
1997	+34.1	+33.4	+0.7
1998	+48.3	+28.6	+19.7
1999	+0.5	+21.0	−20.5
2000	+6.5	−9.1	+15.6
2001	−6.2	−11.9	+5.7
2002	+10.0	−22.1	+32.1
2003	+21.0	+28.7	−7.7
2004	+10.5	+10.9	−0.4
2005	+6.4	+4.9	+1.5
2006	+18.4	+15.8	+2.6
2007	+11.0	+5.5	+5.5
2008	−9.6	−37.0	+27.4
2009	+19.8	+26.5	−6.7
2010	+13.0	+15.1	−2.1
2011	+4.6	+2.1	+2.5
2012	+14.4	+16.0	−1.6
2013	+18.2	+32.4	−14.2
2014	+8.3	+13.7	−5.4
2015	+6.4	+1.4	+5.0

第一部分　查理·芒格：伯克希尔 – 哈撒韦公司的幕后智囊

年份	伯克希尔－哈撒韦公司每股账面价值增长率（%）	标准普尔 500 指数增长率（含股息,%）	差额（%）
2016	+10.7	+12.0	−1.3
2017	+23.0	+21.8	+1.2
年平均变化幅度	+19.1	+9.9	+9.2

在这 53 年里，伯克希尔－哈撒韦的表现有 41 年超过标准普尔 500 指数，成果令人瞩目。最突出的是，巴菲特和芒格通过避免损失实现了这一目标。沃伦·巴菲特提出了一个简单的建议："第一条规则是：永远不要亏钱！第二条规则是：永远不要忘记第一条！"巴菲特本人也时刻谨记这句话。伯克希尔－哈撒韦只在 2001 年和 2008 年这两年的时间里出现过每股账面价值下降的现象。而这时处于系统性崩溃阶段，股票市场的整体损失比它大得多。

总体而言，在长达 53 年的观察期内，每股账面价值平均每年增加 19% 的业绩是令人难以置信的。在此期间，标准普尔 500 指数"仅"实现了

9.9% 的平均年增长率。

　　在如此长的时间里取得如此优秀的业绩，不可能是一种巧合。沃伦·巴菲特和查理·芒格价值投资策略的真正含义是长期战胜市场，并让风险可控。

第二部分

查理·芒格的
投资策略

人们低估了某些简单而伟大的想法的重要性。我相信，在一定程度上，伯克希尔－哈撒韦公司是一家能够传达正确理念的公司。其主要宗旨是证明一些伟大的想法确实行之有效。在我看来，我们的投资策略之所以有用，正是因为它非常简单。[69]

早在多年之前，查理·芒格就凭借卓越的投资能力加入了亿万富翁俱乐部。与伯克希尔－哈撒韦公司董事长沃伦·巴菲特融洽的商业伙伴关系也让他声名鹊起。

20 世纪 70 年代末，芒格开始担任伯克希尔 – 哈撒韦的副董事长并参与了大部分成功的商业决策。当巴菲特仍然奉行烟蒂策略、无法获得高收益的时候，是他说服巴菲特，在购买股票或收购公司的时候，不仅要遵循量化的价值标准，还要考虑整体质量，例如品牌价值。估值体系的扩展在很大程度上奠定了伯克希尔 – 哈撒韦成功的基础。

在回答美国消费者新闻与商业频道关于他与巴菲特通话频率的问题时，芒格说："比以前少多了，因为我们知道对方在想什么。我们不再需要花时间去了解我们都已经心知肚明的事情。"巴菲特还补充了一句："我们就像一对儿老夫老妻。我们之间的咕咕哝哝只有对方才了解。过去，在电话费很贵，而我们还不是很有钱的时候，我们经常需要打好几个小时的电话，而现在只需每两个星期沟通一次。"[70]

尽管同样偏爱价值投资策略，芒格和巴菲特还是有所不同。他们的策略尽管很相似，却无法完全一致。因此，我们需要对伯克希尔－哈撒韦这两位投资大师的策略进行区分。

格雷厄姆的基本投资原则

——价值分析

（格雷厄姆）希望创造人人可用的投资体系。[71]

作为一名价值投资者，芒格遵循了格雷厄姆和多德提出的价值分析原则，内容大致如下：

（1）将股份视为参与公司的手段。

（2）在股价大幅低于内在价值时购买，以创造安全边际。

（3）让躁郁的"市场先生"成为你的仆人，而非主人。

（4）理性、客观、冷静地行事。[72]

将股份视为参与公司的手段

查理·芒格这样的价值投资者不会将股份简单地看作有价证券，而是将其看作参与公司的一种手段。股票不是投机的对象，你不能只考虑以低价买入，以高价卖出。芒格认为投机行为是错误的，他说：

可惜的是，股票的价格很可能受到资金量巨大但非理性的投机行为影响，有时，它像债券一样，通过基于未来现金流的合理预测而被估值；有时，它也像伦勃朗的画作一样，会因为价格的上涨而备受追捧。[73]

在购买股票时综合考虑内在价值与安全边际

芒格认为，股票代表投资者在一家公司中拥有的股份，尽管可能是很少的股份。因此，在他看来，价值投资者最重视的不应该是股票价格，而应该是公司本身的价值。价值投资者要确定一家公司的内在价值，并将其与市场价值进行比较。或者，正如芒格所说："在购买和出售证券时，要以内在价值为指导，不应该依据价格走势做判断。"[74]

"价值投资之父"格雷厄姆和他的学生多德认为，公司的内在价值是由盈利能力决定的。他们计算一家公司在过去10年中每股股票获得的平均收益，然后乘10。如果这个代表内在价值的数字明显高于目前的每股市场价格，就可以购买该公司的股票。[75]

然而，格雷厄姆很清楚，内在价值只是一个近似值。[76]芒格同意这一观点，正如沃伦·巴菲特明确表示："内在价值是极其重要的，但它也是非常模糊的。同样，对查理和我来说也是如此，即使我们两个人观察同一家公司，对其内在价值的判断也会存在一定的差异。"[77]

因此，价值投资者总是倾向于在计算时将安全边际考虑在内。如果在考虑了安全边际后，一家公司的内在价值仍然大于该公司的市场价格，这家公司的股票就值得购买。这也是价值投资者购买股票的依据。

内在价值 + 安全边际 > 市场价格

有关安全边际的重要性，芒格曾明确表示："一般来说，如果我们的目标是投资，我们就不能仅参考内在价值，还要注重安全边际。这是因为，任何对内在价值的估算都只不过是近似值，而不是精确的数字。安全边际为防止出现失误提供了必要的缓冲。投资者如果在没有考虑安全边际的情况下进行投资，就会面临资本持续减少的风险。"[78]

让躁郁的"市场先生"成为你的仆人，而非主人

本杰明·格雷厄姆对"市场先生"有自己的看法。他并不认为市场是有效率的，而是把市场当作

一个每天都会发病的躁郁症患者。

有时，市场先生说："我会以比你看到的价值低得多的价格把股票卖给你。"有时，市场先生说："我会以比你看到的价值高得多的价格购买你的股票。"[79]

因此，在购买股票时，不要被严重躁郁的市场先生疯狂波动的价格影响，而是要更多地考虑公司的内在价值。或者，正如芒格所说："几十年来，我们通常的做法是：当一只股票下跌时，我们会增加买入的数量。如果事情的发展让我们意识到自己是错的，我们就会放弃购买。但是，你如果对自己的评估有足够的信心，就可以利用价格优势买入股票。"[80]

理性交易

在查理·芒格看来，理性是在股市中取得成功的重要基础。他说："理性是一种好的理念。你必须远离当前环境中盛行的无稽之谈。要做到这一点，你需要开拓思维。随着时间的推移，这将有利于提高你的成功率。"

除了内在价值，股票的估值还可以参考其他几项财务指标，例如市盈率、市净率、市现率、股息率等。这些财务指标的定义以及它们与股票估值的关系，可以在本书的术语表中找到。

上述财务指标的实用之处在于，你不必亲自计算，而是可以在证券交易所的官方网站上找到它们。

这些信息可以帮你寻找合适的股票。在你决定购买之前，你务必将数据与原始资料（公司的年度报告）进行比较，因为免费网站的数据库可能存在错误。而且，在购买时，你要优先考虑安全边际，正如查理·芒格所言："格雷厄姆的安全边际理念……永远不会过时。"[81]

购买股票时的另一个重要决策标准
——质量原则

格雷厄姆也有盲点。他低估了一些公司需要支付较高溢价的事实。[82]

我们只能从高质量的企业中获益。在某些情况下，我们购买了整个公司的股票，但在其他公司我们只是买下了大量股票。[83]

价值原则在芒格和巴菲特做出购买决定时发挥着重要作用，但仅有价值原则还不够。自从查理·芒格加入伯克希尔－哈撒韦以来，两人在选择股票时，除了进行纯粹的价值分析，还运用了质量原则。

喜诗糖果公司在 1972 年被收购时，让人印象深刻的不是它的各项数据，而是该品牌在美国西部地区占据的垄断地位，这意味着收购这家公司是有保障的。

沃伦·巴菲特用一个美丽的比喻来描述这种保障（竞争优势）："在我 16 岁的时候，我第一次和一个女孩约会，当时我拿了一盒糖果，要么给她，要么给她的父母。在加利福尼亚，如果盒子上写着拉塞尔·斯托弗（堪萨斯城的糖果制造商），女孩就会给你一巴掌，如果送的是喜诗糖果，女孩就会吻你……我认为，对那些住在东海岸地区的人而言，高品质的巧克力产品很常见，喜诗糖果除了品牌，没有任何特别之处。"[84]

芒格为人谦虚，他从不强调自己在伯克希尔－哈撒韦公司运用质量原则一事上所起的作用，但这一决策原则经常被媒体报道。2005 年，他在接受采访时说："即使我没有加入伯克希尔－哈撒韦，沃伦也会使它成为一家重视高质量投资的公司，他对廉价烟蒂的兴趣也在减弱。烟蒂理论正逐渐走向衰落。"[85]

实践建议｜定性分析中的影响因素

　　在购买股票时，需要对公司价值进行定性分析。其影响因素如下：

- 竞争优势（例如品牌、专利）；
- 优秀的管理；
- 市场占有率高或占据市场领先地位；
- 抗冲击能力；
- 定价权（在提高产品价格后不会出现销量大幅下滑）；
- 可靠性（持续稳定、可观的盈利）；
- 拥有在处理监管要求方面的经验（如医疗服务）；
- 规模经济（例如，大型零售连锁店在采购方面有明显的价格优势）；
- 网络（例如，亚马逊、易贝等网站的评级系统）。

保持聪明和简单

——KISS 原则

如果某件事情太难，我们就去做其他事情。还有什么比这更容易的呢？[86]

我们有三个篮子："买入"、"卖出"和"太难"……对于一家公司，如果我们不具备全面的估值能力，它就会被放入"太难"的篮子。[87]

查理·芒格的管理智慧是把聪明和简单作为投资的主张。或者如他所说："我们更热衷于保留简单的东西。"[88]

根据 KISS（keep it smart and simple）原则，到目前为止，伯克希尔 - 哈撒韦公司的大部分投资机会都进入了"太难"篮子。这是因为格雷厄姆的价值投资理论被芒格解释得非常严格，有风险的投资计划都没有被执行。因此，芒格专注于少数不涉及或很少涉及风险的投资机会，这让事情变得简单。只有这样的投资机会最终会被放入"买入"篮子。

实践建议｜放弃复杂的投资理念

　　你如果想在投资选择上和芒格保持一致，就必须坚持简单的原则。你如果出于某种原因对某个投资项目有疑虑，就不要管它，把它放进"太难"篮子，不要因为继续思索与它相关的投资方案而浪费时间，要关注其他投资方式。

开卷有益

——通识教育原则

现代教育的理念是，人们需要先接受通识教育，然后才能进行专业学习。而且我相信，要成为一名优秀的选股者，人们也需要一定的通识教育。[89]

在我的一生中，没有什么比不断学习让我受益更多。我一生都在实践跨学科的方法，我无法告诉你这对我的帮助有多大。[90]

芒格是一个在很多领域接受过高等教育的人。在进入哈佛大学学习法律之前，他已经涉足其他科学领域，包括数学和气象学。在学习法律之后，他没有放弃学习数学和气象学，而是继续深入研究。对他来说，阅读是非常重要的，即使阅读的内容与他研究的领域无关，他也始终坚持阅读。阅读是他日常生活的一部分。

"在我的一生中，我从来没有见过任何一个在更广泛的学科领域拥有智慧却不读书的人。你会对沃伦·巴菲特和我读过的图书数量感到惊讶。"[91]

> **实践建议｜阅读可以帮助你成为更好的投资者**
>
> 查理·芒格说："通过永不止步的阅读将自己塑造成一名终身学习者。培养好奇心，努力让自己每天都变得更聪明一点儿。"[92]

静观其变，然后全力出击

—— 一鸣惊人原则

成功不仅意味着要非常有耐心，还意味着要在恰当的时机全力以赴。[93]

我们需要很大的灵活性和一定的纪律性，既不要做蠢事，又要保持灵活。因为人们很难忍受束缚，但可以遵从纪律，不做毫无意义的事情。[94]

每当发现一个机会，伯克希尔就会迅速采取行动，这一点十分值得关注。不要犹豫不决——这句话适用于生活中的各个领域。[95]

芒格和巴菲特是有耐心的投资者。当股票市场处于疯狂状态的时候，例如在 20 世纪 70 年代、世纪之交的互联网泡沫时期以及 2007 年的美国牛市，芒格和巴菲特都有意地回避投资，在策略上有所保留。他们不想投机取巧，因为他们能预见最后的结局——泡沫的破灭。

当泡沫最终破灭，其他投资者无力招架时，伯克希尔－哈撒韦公司才真正进入状态。在美国房地产泡沫破灭后不久，2008 年 10 月，芒格和巴菲特向通用电气和高盛集团投资了 110 亿美元。芒格的祖父曾教导他："机会难得，当机会出现时你必须做好准备。"芒格对这件事情的做法遵循了祖父的话。[96]

实践建议 | 繁荣时保守，萧条时激进

耐心不仅对生活很重要，对股票投资也是如此。不要冲动投资，要充分分析股市动态。在经济繁荣时，不要陷入购买狂热。等到泡沫破灭或者市场萧条时，要将资金投向高收益率的股票，这样的股票已经经过了繁荣时期的考验，是值得购买的资产。"不鸣则已，一鸣惊人"，人们可以根据这句格言进行适当的、自由的投资。

不要随波逐流

——逆行原则

效仿羊群意味着回归均值。[97]

即使是经验丰富的商人也会成为社会浪潮的牺牲品。你是否记得，几年前，一家石油公司收购了一家化肥厂，然后几乎所有其他的石油公司都跟着做同样的事情？这些石油公司没有任何特殊的理由收购化肥厂，它们只是不知道还能做什么。如果埃克森公司决定这样做，那么美孚公司也要做同样的事情。反之亦然。我想它们现在都已经退出了，但这绝对是一种灾难。[98]

逆行原则与上一条原则类似。如果你在股票市场上的投资仅限于目前正在流行的股票，你就只能获得平均收益。

实践建议 | 找到未被发现的珍珠，获得更多收益

偶尔逆流而上，或选择少有人走的路。这才是让自己的收益高于平均水平的唯一途径。看一看冷门的股票指数，例如 MDAX 指数和 TechDAX 指数。

买入并持有

——忠诚原则

选择一只股票，投资，然后等待。这将给你带来巨大的好处。比如，向经纪人支付较少的费用，少听很多废话。如果成功执行，你在税务方面就会每年节省 1%、2%，或者 3% 的收益。[99]

在价格接近内在价值时卖出股票是很困难的。但你如果买了一些优秀的公司的股票，就可以坐享收益。长期持有对你来说是一件好事。[100]

芒格和巴菲特一旦确定投资一家公司，通常就会长期持有。最好的例子是他们购买的政府雇员保险公司、大都会保险公司以及《华盛顿邮报》集团的股票，这些股票在伯克希尔－哈撒韦的投资组合中已有数十年的历史，巴菲特称其为"不可避免的事"。[101]

实践建议 | 在投资组合中长期持有优质股票

你如果在购买股票前经过了仔细分析，就可以长期持有这些稳健的股票。你将得到高质量的股票和持续的分红。即使价格没有显著上涨，红利也会定期增加。这将自动提高你的股息收益。此外，忠诚原则为你节省了交易成本，因为每一次卖出和买入都需要费用。

客满

——收购原则

在伯克希尔-哈撒韦做的所有事情中，查理和我对收购好公司最感兴趣。好公司需要拥有良好的行业地位，有我们喜欢、信赖和敬佩的管理层。此类收购不可能经常发生，但我们一直在寻找。[102]

我们购买具有品牌壁垒的优质公司，因为自己打造品牌壁垒是很困难的……我们的大品牌不是自己创造的，而是买来的。[103]

自 20 世纪 70 年代以来，巴菲特和芒格收购的公司越来越多。例如，1972 年收购了喜诗糖果公司，1986 年收购了斯科特 – 费策尔公司，1996 年收购了快餐连锁店冰雪皇后，2002 年收购了内衣品牌鲜果布衣，2010 年收购了美国伯灵顿北方圣太菲铁路运输公司，2014 年收购了电池制造商金霸王。伯克希尔 – 哈撒韦目前拥有超过 70 家独立公司。[104]

实践建议｜投资几家控股公司

对公司的完全收购只能由大投资者完成，但小投资者可以在证券交易所把钱投资到大型控股公司，最著名的例子是伯克希尔 – 哈撒韦公司。你也可以在证券交易所寻找一家"小伯克希尔"。

不要投资自己不了解的东西

——反高科技原则

沃伦和我都不认为我们在高科技领域有任何明显的优势。事实上我们认为，当涉及软件、计算机芯片等技术的发展方面的问题时，我们甚至处于不利地位。所以我们倾向于承认自身的不足，然后置身事外。[105]

我应该强调，查理和我喜欢变化，比如新想法、新产品、新流程，这些变化可以提高我们的生活水平，这显然是好事。但作为投资者，我们对处于初创期的行业的态度与我们对太空探索事业的态度是一样的：我们会为之而欢呼，但我们不会加入。[106]

芒格在他第一次投资高科技公司之后说："我再也没有投资过高科技公司。我试过一次，而我发现它有太多的问题。"[107]

众所周知，伯克希尔－哈撒韦长期以来避免投资新技术，始终奉行"不懂不做"的格言。芒格和巴菲特都表示，他们不投资计算机行业或太空技术。

然而，芒格和巴菲特近年来已经不再拒绝计算机行业了。毕竟，这个行业在市场上已经成功了50多年，其产品已不再是新技术。伯克希尔科技投资的一个例子是苹果公司。巴菲特和芒格认为，与其说苹果公司是一家创新科技公司，不如说它是一个强大的品牌，拥有庞大、忠诚且财力雄厚的客户群。出于这个原因，他们决定对苹果公司进行投资。

即使在今天，芒格和巴菲特也没有投资最新的技术，原因是在这些新领域中总是不断涌现大量新公司。一段时间后，市场会重新洗牌，这意味着一家初创企业可能会破产或被行业中的大企业吞并。投中少数几家能在洗牌中幸存下来的公司概率很低。因此，像芒格和巴菲特这样保守的投资者不倾向投资新市场。

实践建议 | 等待一项新技术站稳脚跟

对新技术或新市场的投资具有投机性。许多新成立的高科技公司只能存活几年。作为一名投资者，你如果抓住了一家"幸存下来"的高科技公司（或多或少是偶然的），就肯定能赚到钱。然而，对于芒格和巴菲特来说，这种投资的风险太高，投机性太强。

今天我们知道，亚马逊、谷歌和脸书的早期投资者获得了极高的收益。但在做出投资决定时，同类公司众多。那些把赌注押在少数行业赢家身上的人可能只是比较幸运。许多失败的竞争公司很快就会被人遗忘。因此，任何人都不应错误地认为技术赢家很容易被发现。视频格式、操作软件等领域的著名案例表明，即使是最好的技术也常常不占据优势。因此，新技术是无法预测的。

过犹不及

——反多元化原则

我们的投资风格有一种概括说法：集中投资。这意味着投资于 10 只股票，而不是100 只或 400 只。[108]

伯克希尔式的投资者往往不像其他人那样多元化。学术界对多元化理念的颂扬，对聪明的投资者造成了巨大的伤害。我认为，多元化投资的概念几乎是疯狂的。它强调了一个人的投资结果与平均水平没有太大差别。但是，既然你没有被拿着鞭子和枪的人强迫，那么你为什么要追随这样的潮流呢？[109]

芒格不是多元化投资理论的倡导者。该理论认为，多元化投资（投资于各种不同的资产）可以将投资风险降到最低。但芒格认为，投资者应该奉行质量原则，将精力集中于手上最好的股票。在他看来，最好将可用资金投资于 10 只最佳股票，而不是到处寻找股票，将可用资金分散投资于 100 只甚至 400 只股票。

你如果关注伯克希尔 - 哈撒韦，就会发现巴菲特和芒格每年都会在致股东的信中公布公司的投资组合，它只包含（相对）较少的股票，但单只股票的体量很大。

实践建议 | 在股市中，少即是多

你可以将精力集中在最好的股票上，花点儿时间寻找最赚钱、最优质的股票，然后将你的资金配置给这些股票。芒格认为，对个人投资者来说，拥有一个包含 30 只、50 只或 100 只不同股票的投资组合是没有意义的。

"在泰坦尼克号上也不要惊慌！"

——平等原则

我认为，你有能力持有股票，无须担心。[110]

如果没有准备好应对价格下跌 50% 在每个世纪发生两到三次的情况，你就不是一名合格的投资者。与其他更能从容应对市场波动的人相比，你会得到平庸的业绩。[111]

如果你选择了自认为可靠的股票，并且在购买前对其进行了深入的分析，那么，即使股市正在经历狂风骤雨，你也可以轻松应对。价格波动，甚至是极端的波动，时有发生，但坚固的船只和经验丰富的船员可以抵御任何风暴。股市的历史证明：无论暴风雨多么强烈，天气都会好转，太阳也会重新露出笑容。换句话说，DAX 股票指数或道琼斯指数可能会有波动，但长期来看趋势是上升的。

实践建议｜只有学会耐心，才能度过崩溃期

价格波动之于股市犹如海浪之于大海。作为投资者，你必须意识到这一点，学会在暴风雨中保持冷静。只要相信你的股票，耐心等待市场的天气变化，就一定会拨云见日。

考虑硬币的另一面
——逆向思维原则

你也许经常会看到业绩惊人的公司。问题是，这样的业绩能持续多久。"我只知道一个答案：你必须思考现阶段取得成功的主要原因，然后弄清楚它们是否有可能不复存在。"[112]

查理·芒格在思考问题的时候，会从相反的一面开始。他如果想了解如何过上幸福的生活，就研究什么会使生活不幸福；他如果想学习如何让公司做大做强，就会首先关注公司为何会破产倒闭。[113]

他（查理·芒格）喜欢逆向思维。他说，

我想知道我会在哪里死去，然后永远也不去那里。[114]

查理·芒格和沃伦·巴菲特都是逆向思维者，这意味着他们会通过以下方法解决开放式问题和难题：把问题翻转过来，仔细看看反面的情况。他们问自己：

"反面是什么？哪个错误被我忽略了？"[115]

实践建议 | 思考公司如何应对逆境

逆向思维法非常适合用于思考一笔投资是否有意义。例如，在一家公司股价大跌的情况下，你可以考虑这些问题：为什么股价曾经明显上涨？公司能否证明自己可以重回正轨？公司能否恢复，扭亏为盈？

贷款投资风险很大

——避免贷款原则

> 有三种东西会毁掉一个人，那就是毒品、酒精和贷款投资。[116]

毒品和酒精可以毁掉一个人，这是众所周知的。但根据芒格的说法，贷款投资也会毁掉一个人。如果用贷款购买股票，交易就会充满风险。只有在股票表现非常好、股息足以支付贷款利息的情况下，这种交易才能发挥作用。如果贷款到期，需要偿还，就必须出售股票，如果赶上价格下跌，你就要为此买单。

如前文所述，查理·芒格用贷款的方式进行了一些投资。然而，这些投资都非常安全，收益也很高。尽管如此，他建议经验不足的投资者不要贷款投资。

实践建议｜只将闲置资金投入股票市场

千万不要贷款购买股票，因为你需要用钱来维持生计。一旦遭遇意外，例如车祸，你就需要用钱来应对额外开支。如果在这种情况下必须出售股票并且股票价格正在下跌，你就会蒙受损失。

"不要相信别人的预测。"

——谨慎对待预测原则

> 预测是由对特定结果感兴趣的人做出的……美国的预测通常是谎言。[117]

> 应该谨慎对待预测，特别是在预测者想有意误导你的情况下。[118]

投资者往往以金融媒体上的预测报道为指导。查理·芒格认为，不应该相信任何人的预测。借用丘吉尔的格言"不要相信统计数字"，芒格说："不要相信别人的预测。"但这还不够全面。芒格不相信别人的预测，也不喜欢自己做预测。正如他说过的一句颇具分量的话："我不喜欢做预测，因为我不喜欢在自己的办公桌上呕吐。"[119]

实践建议 | 相信自己的分析

遵循建议或预测是很方便的，但每个人的利益都不同。你如果想遵循所有的建议和预测，就不得不在自己的投资组合中加入大量的股票。你最好依靠自己的（价值）分析来采取行动。

做好事，说好话

——沟通原则

我几乎不知道有谁能在没有熟悉的人可以交谈的情况下在认知方面取得长足的进步。如果没有对话伙伴，爱因斯坦就不可能完成他所完成的事情。[120]

爱因斯坦也不是孤立工作的，尽管他从不参加大型会议。每个人都需要可以交谈的同伴。[121]

芒格反复强调，与信任的人交谈是非常有帮助的，也是很重要的。关于谈话的重要性，他说得很清楚："你在试图说服别人时，就会厘清自己的想法。这一点非常重要。"[122]

实践建议｜与他人讨论投资理念

　　你可以与合作伙伴讨论你的投资计划，向对方解释你为什么选择一只特定的股票以及为什么要投资它，或者与朋友谈论投资话题。

　　另外，你也可以在互联网上的证券论坛与他人交流想法。但你必须自己决定在多大程度上采纳论坛网友的建议，毕竟他们不是你熟悉的人。

不要徒手捕鱼

——"网络"原则

说起查理·芒格，就不能不提沃伦·巴菲特。二人合作经营的公司堪称有史以来最成功的投资公司，但这并非巧合。芒格和巴菲特虽然出生在同一个地方，但是花了50多年才相识。他们的第一次谈话是由芒格的朋友尼尔·戴维斯组织的，他是巴菲特的早期投资者之一。芒格和巴菲特在奥马哈俱乐部共进晚餐，两人立即产生了共鸣，后来成为终生的挚友和商业伙伴。

芒格在洛杉矶定居后做的第一件事就是建立人际关系网络。他加入了各种绅士俱乐部，在那里遇到了志同道合的人。

芒格和巴菲特定期与著名的价值投资者会面，彼此分享经验。巴菲特社（最初叫格雷厄姆社）的成员有比尔·鲁安、沃尔特·施洛斯、埃德·安德森、汤姆·纳普、罗伊·托尔斯和大卫·桑迪·戈特斯曼等[123]。后来，比尔·盖茨也加入了。

实践建议 | 从人际关系网络中获取信息

像大人物那样建立你的人脉网，你可以看看熟人圈子里谁活跃在证券交易市场；或者，你也可以使用社交媒体加入人际关系网络或创建新的人际关系网络。

清单

**如何像查理·芒格
一样投资**

我很喜欢用列清单的方式解决难题，这样就可以一目了然，看到所有接近正确和不太相关的答案。否则，你很容易忽略重要的东西。[124]

根据内在价值分析你想买的股票。留出至少20%的安全边际。

1 检查基本面（例如市净率、市现率、市销率和股息收益率）。

2 考虑你想投资的公司是否具有竞争优势（护城

河），例如品牌、专利、质量、稳定性和创新的管理、规模经济等。

3 如果你在分析一家公司时发现一个无法估量的风险，那么，请远离它，将这个项目放在"太难"篮子中。

4 不要急于投资，而是要花时间分析股市。

5 在经济繁荣阶段，不要陷入抢购热潮。把时间用在分析上，并在抢购热潮结束或泡沫破裂后采取正确的行动。

6 专注于最好的股票，然后将你的资金配置给它们。

7 长期持有优质股票。这将为你节省交易成本和税费。

8 避免投资于高科技公司或新市场，因为它们仍处于发展阶段。

9 永远不要贷款买股票，风险太大。

10 与对股票感兴趣的朋友、同事和亲戚谈论你的投资计划。

11 建立自己的人际关系网络。

术语表

股票

能够证明股份公司股份的有价证券。股票的所有者（股东）是股份公司的合伙人。股份公司通过向股东出售股票来筹集资金。

股票基金

由基金经理管理的一种投资于各种股票（投资组合）的专项基金。股票基金的股票在资本市场上进行交易。除了股票基金，还有房地产基金、养老基金和混合基金。

股份公司

一种具有独立法人资格的商业公司。股份公司将其股本划分成股票。上市股份公司可以在证券交易所登记其股票并出售或回购。

股票期权

指在合同约定的条件下在期货交易所进行股票交易的权利,有固定期限。其中,买入（看涨）期权和卖出（看跌）期权之间存在区别。买入（看涨）期权确保买方有权在期权期限内或在期权结束时以先前确定的价格（行权价）购买固定数量的股票。卖出（看跌）期权用于以少量资本投资来推测股票价格上涨。卖出（看跌）期权可用于对冲股票投资组合以防止价格下跌。

股票回购

股份公司购买本公司已经发行的股票,称作股票回购。股票回购会增加每股股票的价值，因为股份公司的股本被分配到更少的股票上，这对股东来说是有利的。股票回购可以增加企业的并购难度，或者实现员工分红。

股票分割

一种使高价股票更具吸引力的措施。在保持股本不变的情况下，通过使股票数量成倍增加来实现，从而降低股价。对于新投资者来说，这些股票似乎更便宜，因此更具吸引力。现有股东通过股票分割获得免费股票，因此他们持有股票的总价值保持不变。

债券

一种具有固定期限的有价证券，收益方式通常为固定收益。发行债券的目的在于筹集外部资本。在债券期限结束时，债券发行机构将按照债券的面值偿还资金，利息通常每年支付一次。发行债券的主体可以是公司、各级政府、银行等。

套利交易

一种利用时间和（或）空间方面的价格差异获取收益的交易形式。比如，如果同一只股票在多家证券交易所的价格不同，那么投资者可以在价格较便宜的证券交易所购买，然后立即在价格较高的证券交易所出售。然而，随着在线交易的普及以及市场透明度的不断提高,套利交易在证券交易中的意义已经越来越小。

资产

即财产。通常情况下，投资者将财产配置为不同的资产类别，例如股票、债券、房地产等。

监事会

股份公司中的一个机构，最重要的职责是对董事会实施监督。监事会由至少 3 名成员组成。成员由股东大会选举产生。

荷兰式拍卖

也称反向拍卖，拍卖的参与者根据卖方指定的起始价格进行降序竞拍。第一个出价者将获得标的。与正常（升序）拍卖相比，这种拍卖方式可以在拍卖开始后迅速成交。这种拍卖方式的名称来源于荷兰花卉交易所。

B 股

1996 年，伯克希尔－哈撒韦公司推出了 B 股，也称"宝贝 B 股"（Baby B）。B 股的面值是昂贵的伯克希尔－哈撒韦 A 股的 1/30。低成本的 B 股让小投资者可以直接投资于伯克希尔－哈撒韦公司，而不是只能通过共同基金进行间接投资。

熊市

证券市场价格持续下跌的阶段，也称空头市场。

行为经济学

经济学的分支学说，通过心理学研究来解释市场参与者的非理性行为。在证券交易中，解释非理性行为的一个很好的例子是由本杰明·格雷厄姆塑造的人物"市场先生"。格雷厄姆用这个人物角色说明了为什么投资者在某些情况下会表现出非理性行为。

伯克希尔 - 哈撒韦公司

1955 年，纺织公司伯克希尔公司和哈撒韦公司合并为伯克希尔 - 哈撒韦公司。20 世纪 60 年代，沃伦·巴菲特分批购买伯克希尔 - 哈撒韦公司的股票并成为公司董事。从那时起，伯克希尔 - 哈撒韦公司开始逐渐从不景气的纺织行业转型，将资金投资于纺织行业之外的其他利润丰厚的公司。1985 年，最后一家伯克希尔 - 哈撒韦公司的纺织厂关闭。从此，伯克希尔 - 哈撒韦公司在沃伦·巴菲特和他的搭档查理·芒格的领导下转型成为一家纯粹的投资控股公司。

贝塔系数

一个以整体市场作为参照的股价波动情况的度量单位。贝塔系数值为 1 的股票价格波动情况与市场平均水平相同。贝塔系数高于 1 则意味着股价波动超过平均水平或显示出高于平均水平的波动性。一只股票的贝塔系数值越高，该股票的风险性越大。

资产负债表

在企业管理中，资产负债表被视为一家公司在特定时间点（资产负债表日）的资产和负债的比较方式。资产负债表的资产栏提供有关资产构成的信息，而负债栏则记录资金的来源（融资）。

蓝筹股

经营业绩好的大型股份公司的股票。

董事会

股份公司的行政机构，由若干名董事组成。董事由股东选举产生。

证券交易所

股票（或其他金融商品）交易的场所。国际上知名的证券交易所有纽约证券交易所、伦敦证券交易所和东京证券交易所等。

经纪人

指为客户购买和出售股票的人，以及为客户管理证券并执行相应订单的存款银行，通过电话、传真或互联网接受和处理客户订单的直销银行等金融机构。

沃伦·巴菲特

出生于 1930 年 8 月 30 日，美国经济学家、价值投资者、亿万富翁。他是伯克希尔 – 哈撒韦公司的创始人，该公司的 A 股是目前为止世界上最昂贵的公开交易股票。

账面价值

公司资产负债表上的一种财务指标。从数学角度来看，账面价值是公司总资产与总负债之间的差额。

牛市

证券市场价格持续上涨的阶段，也称多头市场。

护城河战略

由沃伦·巴菲特提出的一种投资策略。一家公司如果拥有其竞争对手无法超越的竞争优势（护城河），这种优势就可以成为投资者买入这家公司的股票的依据。巴菲特因为"不可逾越的护城河"这一理由选择购买的股票之一是可口可乐。可口可乐的"护城河"就是它的品牌。

现金流

一种衡量公司流动性的指标，即公司的收入款项与支出款项之间的差额。

图表分析

也称技术分析，指的是借助股票历史与当下的价格走势对其未来走势与发展情况进行评估和推断。

账户

存放股票、基金、权证等有价证券的托管账户。账户由银行和金融服务机构进行管理。

德国 DAX 股票指数

德国 DAX 股票指数由 30 只业绩最优异的德国股票组成，是德国股市发展的引领性指数。德国 DAX 股票指数是一个业绩指数，资本和股息的变化都包含在该指数的计算中。德国 DAX 股票指数的 30 只成员股票会定期接受检查并在必要时进行更正。

多元化

一种投资方法。为了降低亏损风险，投资者可在不同的股票或资产类别（股票、债券、基金）之间分配可用资金，并确保这些投资不会在不同的证券交易市场上以相同的方式做出反应。然而，沃伦·巴菲特一再强调不要过度多元化，因为这种多元化的方法同样会稀释业绩。

股息

指股份公司在年度大会上决定的利润分配方案。在德国，通常在年度大会后的第三个工作日支付给股东，通常每年支付一次。在美国，通常每年支付四次，每季度给在特定的登记日之前持有股票的股东支付一次。

股息收益率

一项财务指标，体现股份公司每股股息与每股股价之间的比率。目前，德国 DAX 股票指数包含的公司的股息收益率为 0~5%。

股息收益率 = 每股股息 / 每股股价 ×100%

大卫·多德

生于 1895 年 8 月 23 日，逝于 1988 年 9 月 18 日，美国经济学家、投资者。他与本杰明·格雷厄姆共同提出了著名的价值投资理论。

道琼斯工业平均指数

简称道琼斯指数，是美国股票指数的一种，也是世界上历史最悠久的股票指数，由查尔斯·道于 1884 年编制而成，包含了 30 家美国主要上市公司。道琼斯指数是价格指数，股息对它的评分情况没有影响。

有效市场假说

一种金融理论，由美国诺贝尔奖得主尤金·法玛提出。该假说认为，金融市场是一个完美的有效市场，所有市场信息都可以在很短的时间内被提供给所有参与者。这意味着金融市场上的价格与价值始终处于均衡状态，并且从长远来看，在金融市场上不可能获得高于平均水平的利润。有效市场假说受到了价值投资倡导者沃伦·巴菲特和本杰明·格雷厄姆的驳斥。

自有资本

即公司的资产减去负债。换句话说，自有资本是公司创始人带入公司的资本加上公司剩余的利润。与自有资本相对的是外部资本。

自有资本比率

一种衡量自有资本与公司总资本之间比率的财务指标。它可以显示公司的资本结构，从而传递出有关公司信誉的信息。公司的自有资本比率与公司所在行业有很大的关联。

自有资本比率 = 自有资本 / 总资本 ×100%

自有资本收益率

一项财务指标，显示公司自有资本在特定时期的收益情况。

自有资本收益率 = 利润 / 自有资本

发行人

指企业、银行、保险机构等发行有价证券的主体。

除息日

只有在除息日前持有公司股份的股东才能参与股息分配。在德国，除息日通常是股东大会通过股息金额决议的次日。

财务指标

用于评估公司经济状况的比率，如股息收益率、自有资本比率、自有资本收益率、市盈率、市净率、市现率、市销率等。

菲利普·费雪

生于1907年9月8日，逝于2004年3月11日，是一位成功的资产管理人，也是1958年出版的畅销书《普通的股票，非凡的利润》的作者。1931年，他创立了费雪投资公司，领导该公司一直到1999年，取得了巨大的成功。费雪被认为是成长型投资的奠基人之一。该投资策略特别注重公司的成长前景（持续的发展、完善的管理等），并将这些方面视为购买股票的决定性因素。费雪还因长期持有股票而闻名。

浮存金

公司可自由使用的资金。通常，当某些保户定期支付保费用于稍后才使用的服务（例如保险）时，此类资本就会在公司中积累。

集中投资

将一个投资组合集中在几只股票上。著名的集中投资者有沃伦·巴菲特、查理·芒格、菲利普·费雪和比尔·鲁安。集中投资与多元化投资形成了某种鲜明的对比。

基金

源于拉丁语，原意是土地、土壤。在经济领域，指为一定目的而设立的具有一定数量的资金。

外部资本

由一家企业的负债和准备金构成。换句话说，它是外部投资者以贷款、抵押以及卖方信贷的形式向企业提供的资本或者是为未来的负债准备的款项。与外部资本相对应的是自有资本。

基本面分析

指根据基本财务数据（如自有资本比率、市盈率、股息收益率等）对股份或企业进行评估。基本面分析的变体是价值投资。

合并

指两家或多家独立企业融合为一家企业。

期货

约定在未来某一特定日期以特定价格购买或出售特定数量商品的合约。股票期货也被称为金融期货。

投资收益率

一项财务指标，衡量企业总资本（包含自有资本和外部资本）的收益水平。10% 的投资收益率表示一家企业每投资 100 欧元就能获得 10 欧元的收益。

投资收益率 =（利润 + 外部资本收益）/ 总资本 × 100%

桑迪·戈特斯曼

1926 年 4 月 26 日生于纽约，是一名成功的美国投资顾问。1964 年，他在纽约创立了投资咨询公司第一曼哈顿公司。他很早就投资了伯克希尔 – 哈撒韦公司，并于 2003 年被任命为董事会成员。戈特斯曼现生活在纽约州拉伊市。

本杰明·格雷厄姆

生于 1894 年 5 月 9 日，逝于 1976 年 9 月 21 日，美国经济学家、投资者。他与大卫·多德提出了基本面分析理论，沃伦·巴菲特是他在哥伦比亚大学执教时期的学生。

大萧条

由美国时间 1929 年 10 月 24 日美国证券交易所的股市崩盘引发的一场持续到 20 世纪 30 年代后期的全球性金融危机。

成长型投资

指投资于高收益、高增长的公司。在成长型投资中，企业的成长前景（发展的持续性、管理的完整性）被看作购买股票的决定性因素。菲利普·费雪是成长型投资策略的奠基者之一。

股东大会

一种股份公司权力机构，由全体普通股股东组成。股东大会每年召开一次，因特殊原因也可以召开临时股东大会。股东大会通过股份公司的董事会、监事会或者管理委员会来确定利润分配、通过有关公司章程的决议、任命年度结算审计人，以及投票表决重要的公司决策（如增资、收购等）。

蝗虫

指只对快速回报感兴趣的投资者。这样的投资者像蝗虫一样掠食公司。

控股公司

指持有其他公司股份的公司。

指数基金

跟踪股票指数的股票基金，如德国 DAX 股票指数基金、美国道琼斯工业平均指数基金等。

内在价值

一个价值投资领域的财务术语。它表示根据资产负债表分析或关键财务指标计算得出的公司的适当价值。考虑到安全边际，如果一家公司的内在价值高于当前的市场价值，它的股票就值得购买。

羊群效应

比喻出于群居本能而产生的从众心理。例如，企业家的行为往往不是由经济原因决定的，而是由竞争者或大多数市场参与者的行为决定的。

垃圾债券

指违约概率很高的债券。它们由陷入经济困难、无法从银行获得贷款的公司发行。由于违约概率高、相关风险大，因此垃圾债券的利率通常很高。

法人

指具有民事行为能力的组织，包括公司、公共机构、基金会等。从法律的角度看，法人与自然人处于平等地位。股份公司就是一种法人。

资本

一家公司的资本由自有资本和外部资本组成，后者在资产负债表中体现为负债。

市盈率

一种财务指标，用于衡量公司股价与收益的关系。市盈率是股票估值中使用最广泛的财务指标之一。然而，在公司亏损的情况下，市盈率这一指标是没有意义的。在这种情况下，可参考的指标是市现率。从历史上看，德国 DAX 股票指数中的股票平均市盈率约为15。一般情况下，市盈率明显较低的股票被认为是值得购买的。

$$市盈率 = 每股股价 / 每股收益$$

价格指数

反映一组股票的价格走势的指标。与业绩指数不同，计算价格指数时不需要考虑股息和资本的变化。

市净率

一项用于评估公司资产的财务指标。市净率常常被沃伦·巴菲特和本杰明·格雷厄姆等价值投资者用来对股票和企业进行估值。市净率越低，股票就越便宜。

市净率尤其适用于价值投资。

市净率 = 每股股价 / 每股账面价值

市现率

也称股价与现金流比率，是指一种以流动性为导向的财务指标，可代替市盈率用于亏损情况下的股票评估。市现率这一指标不太容易被企业出于美化其资产负债表的目的刻意修改粉饰。市现率越低，股票越物美价廉。

市现率 = 每股股价 / 每股现金流

市销率

一种专门用于评估亏损股票的财务指标，同时也适用于评估周期性股票，例如工业企业、批发商和原材料生产商的股票，这些公司的利润在很大程度上取决于总体经济发展水平。与同行业的其他股票相比，市销率相对较低的股票被认为价格更便宜。

市销率 = 每股股价 / 每股销售额

做空

卖方在股票（和其他证券、商品或外汇）尚未成为其资产的情况下将其出售的行为。卖方之所以做空，通常是因为猜测自己能够在以后以更低的价格买入该证券。

杠杆收购

指以高比例外部资本进行的公司收购。所收购公司的现金流通常用于偿还债务。

市值

指上市公司的股票总价值。市值是上市公司当前股价与流通股数的乘积。

查理·芒格

生于 1924 年 1 月 1 日，美国律师、价值投资者。自 1978 年以来担任伯克希尔－哈撒韦投资公司的副董事长。

自然人

基于出生而取得民事主体资格的人。与自然人相对的是法人。

绩优股

指价格走势明显优于平均水平（根据行业平均水平或指数来衡量）的股票。

绩效指数

在计算绩效指数时，资本和股息的变化被包括在内。绩效指数的一个例子是德国 DAX 股票指数。与绩效指数相对应的是价格指数。

投资组合

投资者在其资产中持有的证券或基金的总体情况。

投资组合理论

指在多元化投资组合中，单个证券的风险可以被其他证券抵消。根据投资组合理论，应该在投资组合中配置大量不同的股票。该理论由诺贝尔经济学奖得主哈里·马科维茨提出。

收益率

投资者从各类金融投资活动中获得的利率或资本回报的百分比。

风险投资

指投资于风险特别大的项目（例如创业公司）。

比尔·鲁安

生于 1925 年 10 月 24 日，逝于 2005 年 10 月 4 日，是一位成功的美国资产管理经理。他曾经在哈佛商学院学习经济学，并先后在波士顿银行和基德尔 – 皮博迪公司工作总计超过 20 年。1969 年，鲁安创办了一家投资公司并成立了红杉基金。在巴菲特的推荐下，巴菲特的一些商业伙伴加入了红杉基金。红杉基金的业绩非常出色，收益率明显超过标准普尔 500 指数。

再保险公司

指为保险公司的部分业务提供保险服务的公司，即保险公司的保险公司。此类公司有瑞士再保险公司、慕尼黑再保险公司和隶属伯克希尔－哈撒韦公司的通用再保险公司。

美国证券交易委员会

一家位于华盛顿哥伦比亚特区的美国证券监管机构。

情绪分析

一种市场分析方法，该方法认为在评估价格走势时，还应考虑市场参与者的普遍情绪。情绪分析可以建立在民意调查结果、内幕交易数量和（或）媒体报道等几个方面之上。

安全边际

指股票的购买价格与实际价值之间的差额，旨在抵消或降低投资风险。价值投资者通过计算一家公司或一只股票的内在价值（账面价值）确定安全边际。当股票的价格低于其内在价值一定程度（例如 20% 或 25%）时，价值投资者就将这种情况视为具备安全边际，可以买入该股票。

价差

证券在证券交易所的买入价和卖出价之间的差额。

普通股

股份持有人在股东大会上可拥有表决权的股份。没有表决权的股份被称为优先股。

标准普尔 500 指数

一种反映美国市场表现情况的股票指数。其计算依据是美国 500 家最大的股份公司的股价。与道琼斯工业平均指数相比，它更能准确地反映美国的经济状况。

选股者
指为了获得高于平均水平的收益而购买个别股票的人。与选股相反的是对整个市场的投资，例如购买指数基金。

自由流通股
指一家公司在证券交易所交易的股票数量。大股东持有的股份不属于自由流通股。

交易者
指充分利用动荡环境中的价格波动，在短期内买卖证券的投机者。

转机
指受危机困扰的公司成功恢复盈利。

要约收购

一种特殊的证券交易形式，旨在取得股份公司的控制权。获得目标公司 30% 以上的表决权份额即可实现对一家股份公司的控制。

恶意收购

在事先未与董事会、监事会和公司员工协商的情况下，向股东发出要约收购公告。在实际操作中，恶意收购会进行形式上的调整，并通常被所收购公司的权力机构接受。

友好收购

在发出要约收购公告之前与公司的所有机构经过谈判并最终达成一致的收购。

美国最高法院

指美国联邦最高法院，是美国联邦法院系统的最高审判机关，位于华盛顿哥伦比亚特区。

价值投资

一种证券分析方法。价值投资者投资于股价明显低于其内在价值的公司。这些公司通常具有市盈率较低且股息收益率高于平均水平的特点。价值投资者的目标是确定被低估的公司并对其进行投资。价值投资是由美国经济学家本杰明·格雷厄姆和大卫·多德在 20 世纪 30 年代提出的概念。最著名的价值投资者是本杰明·格雷厄姆、沃伦·巴菲特和查理·芒格。

负债

公司未履行的财务义务的总和，包括银行贷款、公司发行的债券以及客户为尚未提供的服务支付的预付款。公司的负债必须显示在年度资产负债表的负债一栏。

波动性

表示一段时间内一只股票波动范围的指标。具有高波动性（通常以贝塔系数值衡量）的股票会显示为价格的频繁波动。

董事会

股份公司的三大机构之一。股份公司董事会的主要任务是管理公司并在法庭内外代表公司。在德国，董事会的成员由监事会任命。

优先股

也称享有优先权的股票，特点是具有"利润分配的优先权"，即股息高于普通股。然而，优先股的持有人在股东大会上没有投票权。

可转债

即可转换债券，指可到期偿还或按约定的价格兑换为公司的普通股票的债券。

证券分析

指对证券市场的系统调查或分析。证券分析的目的是对单个证券的买入、持有和卖出提出建议。在实践中，三种类型的证券分析有以下区别：基本面分析考察一家公司的关键业务数据和操作建议；技术分析考察某只股票以前的价格趋势，并对该股票的发展趋势得出结论；情绪分析考察市场投资者的情绪，并给出操作建议。

烟蒂投资策略

一种股票投资策略，由沃伦·巴菲特根据本杰明·格雷厄姆的选股方法总结得出。该策略把购买一家被低估的公司股票比喻为捡了一个被人扔掉的烟蒂。这里的"最后再抽一口"指的是这笔投资几乎不需要支付什么费用。

参考文献

1   Lowe, Janet, Damn right! Behind the Scenes with Berkshire Hathaway Billionaire Charlie Munger, New York 2000, S. 19.

2   Lowe, Janet, Damn right! Behind the Scenes with Berkshire Hathaway Billionaire Charlie Munger, New York 2000, S.28.

3   Rede von Charles Munger beim Festessen zum 75. Jubiläum von See's, Los Angeles im März 1998.

4   Dorr, Robert, Ex-Omahan Traded Law for Board Room, in: Omaha World Herald vom 31.08.1977.

5   Dorr, Robert, Ex-Omahan Traded Law for Board Room, in: Omaha World Herald vom 31.08.1977.

6   Lowe, Janet, Damn right! Behind the Scenes with Berkshire Hathaway Billionaire Charlie Munger, New York 2000, S 34.

7   Lowe, Janet, Damn right! Behind the Scenes with Berkshire Hathaway Billionaire Charlie Munger, New York 2000, S 36.

8   Lowe, Janet, Damn right! Behind the Scenes with Berkshire Hathaway Billionaire Charlie Munger, New York 2000, S 36.

9   Department of Commerce, Income of Families and Persons in the United States: 1949, in: Current Population Reports – Consumer Income, Washington 1951, S.1.

10   arscapital.wordpress.com/2017/07/08/about-charlie-munger/

11   Lowe, Janet, Damn right! Behind the Scenes with Berkshire Hathaway Billionaire Charlie Munger, New York 2000, S 59.

12   Lowe, Janet, Damn right! Behind the Scenes with Berkshire Hathaway Billionaire Charlie Munger, New York 2000, S 42.

13   Schroeder, Alice, Warren Buffett – Das Leben ist wie ein Schneeball, München 2010, S. 279.

14   Lowe, Janet, Damn right! Behind the Scenes with Berkshire Hathaway Billionaire Charlie Munger, New York 2000, S 44.

15   Schroeder, Alice, Warren Buffett – Das Leben ist wie ein Schneeball, München 2010, S. 279.

16   Lowenstein, Roger, Buffett – Die Geschichte eines amerikanischen Kapitalisten, Kulmbach 2009, S. 138.

17   Lowe, Janet, Damn right! Behind the Scenes with Berkshire Hathaway Billionaire Charlie Munger, New York 2000, S 73.

18   Schroeder, Alice, Warren Buffett – Das Leben ist wie ein Schneeball, München 2010, S. 281.

19   Lowe, Janet, Damn right! Behind the Scenes with Berkshire Hathaway Billionaire Charlie Munger, New York 2000, S 76 f.

20   Charles Munger in einer Rede auf der Wesco-Hauptversammlung im Mai 1991.

21   另外，这个投资者群体在文献中也被称为巴菲特群体。巴菲特简单地称这个群体为"我们的群体"。

22 Lowenstein, Roger, Buffett – Die Geschichte eines amerikanischen Kapitalisten, Kulmbach 2009, S. 139 f.

23 Lowe, Janet, Damn right! Behind the Scenes with Berkshire Hathaway Billionaire Charlie Munger, New York 2000, S 63.

24 Lowe, Janet, Damn right! Behind the Scenes with Berkshire Hathaway Billionaire Charlie Munger, New York 2000, S 68.

25 Lowe, Janet, Damn right! Behind the Scenes with Berkshire Hathaway Billionaire Charlie Munger, New York 2000, S 101.

26 Schroeder, Alice, Warren Buffett – Das Leben ist wie ein Schneeball, München 2010, S. 307.

27 https://www.mto.com/about-us

28 Lowe, Janet, Damn right! Behind the Scenes with Berkshire Hathaway Billionaire Charlie Munger, New York 2000, S 96.

29 Wathen, Jonathan, How Charlie Munger Turned a Single $1,000 Investment Into $100,000 a Year, in: The Motley Fool vom 02.03.2016.

30 Lowe, Janet, Damn right! Behind the Scenes with Berkshire Hathaway Billionaire Charlie Munger, New York 2000, S 99.

31 Schroeder, Alice, Warren Buffett – Das Leben ist wie ein Schneeball, München 2010, S. 310.

32 Schroeder, Alice, Warren Buffett – Das Leben ist wie ein Schneeball, München 2010, S. 310.

33 Lowenstein, Roger, Buffett – Die Geschichte eines amerikanischen Kapitalisten, Kulmbach 2009, S. 140.

34 Schroeder, Alice, Warren Buffett – Das Leben ist wie ein Schneeball, München 2010, S. 350 ff.

35 Zeugenaussage von Charlie Munger im Fall Blue Chip Stamps, Berkshire Hathaway Inc., HQ-784 vom 20.03.1975, S. 187.

36 Hagstrom, Robert G., Warren Buffett – Sein Weg, Seine Methoden, Seine Strategie, Kulmbach 2017, S. 86 f.

37 Lowenstein, Roger, Buffett – Die Geschichte eines amerikanischen Kapitalisten, Kulmbach 2009, S. 288.

38 Hagstrom, Robert G., Warren Buffett – Sein Weg, Seine Methoden, Seine Strategie, Kulmbach 2017, S. 85.

39 Lowe, Janet, Damn right! Behind the Scenes with Berkshire Hathaway Billionaire Charlie Munger, New York 2000, S. 217.

40 Lowe, Janet, Damn right! Behind the Scenes with Berkshire Hathaway Billionaire Charlie Munger, New York 2000, S. 102 f.

41 Santry, David, Shareholder Heaven at New America Fund, in: Business Week vom 03.12.1979, S. 103.

42 Schroeder, Alice, Warren Buffett – Das Leben ist wie ein Schneeball, München 2010, S. 543 ff und www.thebuffett.com

43 Lowenstein, Roger, Buffett – Die Geschichte eines amerikanischen Kapitalisten, Kulmbach 2009, S. 304.

44 Lowe, Janet, Damn right! Behind the Scenes with Berkshire Hathaway Billionaire Charlie Munger, New York 2000, S. 103.

45 Lowe, Janet, Damn right! Behind the Scenes with Berkshire Hathaway Billionaire Charlie Munger, New York 2000, S. 106.

46 Lowe, Janet, Damn right! Behind the Scenes with Berkshire Hathaway Billionaire Charlie Munger, New York 2000, S. 146 f.

47 Kilpatrick, Andrew, Of Permanent Value: The Story of Warren Buffett, Birmingham 1998, S. 679.

48 Schroeder, Alice, Warren Buffett – Das Leben ist wie ein Schneeball, München 2010, S. 560.

49 Lowe, Janet, Damn right! Behind the Scenes with Berkshire Hathaway Billionaire Charlie Munger, New York 2000, S. 149.

50 Munger, Charles, in: Brief an die Aktionäre von Blue Chip Stamps vom 25.03.1980 (http://www.valuewalk.com/wp-content/uploads/2014/08/blue-chip-stamps.pdf)

51 Munger, Charles, in: Brief an die Aktionäre von Wesco vom 13.03.1998 (http://www.berkshirehathaway.com/wesco/cm1997.pdf)

52 Lowe, Janet, Damn right! Behind the Scenes with Berkshire Hathaway Billionaire Charlie Munger, New York 2000, S. 158.

53 Rasmussen, Jim, Berkshire Unit to Shed Mutual S&L, in: Omaha World Herold vom 22.04.1993, S. 18.

54 Lowe, Janet, Damn right! Behind the Scenes with Berkshire Hathaway Billionaire Charlie Munger, New York 2000, S. 71.

55 Munger, Charles, in: Brief an die Aktionäre von Wesco vom 05.03.2001 (http://www.berkshirehathaway.com/wesco/cm2000.pdf)

56 Lowe, Janet, Damn right! Behind the Scenes with Berkshire Hathaway Billionaire Charlie Munger, New York 2000, S. 160.

57 Lowe, Janet, Damn right! Behind the Scenes with Berkshire Hathaway Billionaire Charlie Munger, New York 2000, S. 162.

58 Lowe, Janet, Damn right! Behind the Scenes with Berkshire Hathaway Billionaire Charlie Munger, New York 2000, S. 162.

59 https://de.wikipedia.org/wiki/Wesco_Financial#cite_note-7

60 Maxfield, John, How Charlie Munger Transformed the Daily Journal – In 2 Charts, in: The Motley Fool vom 17.02.2016.

61 Maxfield, John, How Charlie Munger Transformed the Daily Journal – In 2 Charts, in: The Motley Fool vom 17.02.2016.

62 Munger, Charlie, University of California, Santa Barbara 2003 (zitiert in Griffin S. 123)

63 Munger, Charlie, University of Southern California Business School 1994 (zitiert in Griffin S. 114)

64 Munger, Charlie, Berkshire Hauptversammlung 2000 (zitiert in Griffin S. 173)

65 Munger, Charlie, University of Southern California Business School 1994 (zitiert in Griffin S. 202)

66 Munger, Charlie, University of California, Santa Barbara 2003 (zitiert in Griffin S. 44)

67 Lowe, Janet, Damn right! Behind the Scenes with Berkshire Hathaway Billionaire Charlie Munger, New York 2000, S. 122.

68 Griffin, Tren, Charlie Munger – Ich habe dem nichts mehr hinzuzufügen, München 2016, S. 14.

69 Lowe, Janet, Damn right! Behind the Scenes with Berkshire Hathaway Billionaire Charlie Munger, New York 2000, S.175.

70 Munger und Buffett in einem CNBC Interview vom 04.05.2014. https://de.scribd.com/document/222137086/CNBC-Transcript-Warren-Buffett-Bill-Gates-and-Charlie-Munger-May-5-2014

71 Munger, Charlie, A Lesson on Elementary, Worldly Wisdom As It Relates To Investment Management & Business, Rede an der University of Southern California Marshall School of Business, Los Angeles 1994 (http://old.ycombinator.com/munger.html)

72 Griffin, Tren, Charlie Munger – Ich habe dem nichts mehr hinzuzufügen, München 2016, S. 19.

73 Munger, Charlie, Rede auf dem Frühstückstreffen des Philanthropy-Round-Table, September 2009. (http://mungerisms.blogspot.de/2009/09/philanthropy-round-table.html)

74 Lowe, Janet, Damn right! Behind the Scenes with Berkshire Hathaway Billionaire Charlie Munger, New York 2000, S.78.

75 Graham, Benjamin und Dodd, David, Die Geheimnisse der Wertpapieranalyse, München 2016, S.34f.

76 Graham, Benjamin und Dodd, David, Die Geheimnisse der Wertpapieranalyse, München 2016, S.36.

参考文献

77 Warren Buffett auf der Berkshire Hauptversammlung 2003.

78 Montier, James, The Seven Immmutable Laws of Investment, The Big Picture 2011.

79 Munger, Charlie, A Lesson on Elementary, Worldly Wisdom As It Relates To Investment Management & Business, Rede an der University of Southern California, Marshall School of Business, Los Angeles 1994. (http://old.ycombinator.com/munger.html)

80 Charlie Munger auf der Wesco-Hauptversammlung 2002.

81 Charlie Munger auf der Wesco-Hauptversammlung 2003.

82 Lowe, Janet, Damn right! Behind the Scenes with Berkshire Hathaway Billionaire Charlie Munger, New York 2000, S. 78.

83 Munger, Charlie, A Lesson on Elementary, Worldly Wisdom As It Relates To Investment Management & Business, Rede an der University of Southern California Marshall School of Business, Los Angeles 1994 (http://old.ycombinator.com/munger.html)

84 Buffett, Warren, The Secrets of See's Candies, in: Fortune 2012.

85 Munger, Charlie, Interview mit Kiplinger's Steven Goldberg 2005. (http://mungerisms.blogspot.de/2009/09/munger-speaks-with-kiplingers-steven.html)

86 Charlie Munger auf der Berkshire Hauptversammlung 2006.

87 Charlie Munger auf der Wesco Hauptversammlung 2002.

88 Charlie Munger auf der Wesco Hauptversammlung 2002.

89 Munger, Charlie, A Lesson on Elementary, Worldly Wisdom As It Relates To Investment Management & Business, Rede an der University of Southern California Marshall School of Business, Los Angeles 1994 (http://old.ycombinator.com/munger.html)

90 Munger, Charlie, University of Southern California 2007.

91 Charlie Munger auf der Berkshire Hauptversammlung 2004.

92 Munger, Charlie, Poor Charlie's Almanack, Marceline 2005.

93 Charlie Munger auf der Berkshire Hauptversammlung 2004.

94 Charlie Munger auf der Hauptversammlung 2002.

95 Charlie Munger auf der Wesco Hauptversammlung 2011.

96 Charlie Munger auf der Berkshire Hauptversammlung 2011.

97 Munger, Charlie, Poor Charlie's Almanack, Marceline 2005.

98 Munger, Charlie, Harvard University 1995 (zitiert in Griffin S. 97)

99 Lowe, Janet, Damn right! Behind the Scenes with Berkshire Hathaway Billionaire Charlie Munger, New York 2000, S. 168.

100 Munger, Charlie, Berkshire Hauptversammlung 2000.

101 Schroeder, Alice, Warren Buffett – Das Leben ist wie ein Schneeball, München 2010, S. 948.

102 Letter to the Shareholders of Berkshire Hathaway Inc. 1992 vom 28.02.1997.

103 Charlie Munger auf der Berkshire Hauptversammlung 2012.

104 https://de.wikipedia.org/wiki/Berkshire_Hathaway

105 Munger, Charlie, A Lesson on Elementary, Worldly Wisdom As It Relates To Investment Management & Business, Rede an der University of Southern California Marshall School of Business, Los Angeles 1994 (http://old.ycombinator.com/munger.html)

106 Letter to the Shareholders of Berkshire Hathaway Inc. 1996 vom 28.02.1997.

107 Lowe, Janet, Damn right! Behind the Scenes with Berkshire Hathaway Billionaire Charlie Munger, New York 2000, S 59.

108 Charlie Munger auf der Wesco Hauptversammlung 2010.

109 Munger, Charlie, Interview mit Kiplinger's Steven Goldberg 2005. (http://mungerisms.blogspot.de/2009/09/munger-speaks-with-kiplingers-steven.html)

110 Charlie Munger auf der Berkshire Hauptversammlung 2003.

111 Munger, Charlie, BBC Interview 2010.

112 Lowe, Janet, Damn right! Behind the Scenes with Berkshire Hathaway Billionaire Charlie Munger, New York 2000, S. 231.

113 Lu Li, My Teacher Charlie Munger, in: China Entrepreneur Magazine vom 21.05.2010.

114 Buffett, Warren, CNBC Interview vom 04.05.2014.
https://de.scribd.com/document/222137086/CNBC-Transcript-Warren-Buffett-Bill-Gates-and-Charlie-Munger-May-5-2014

115 Munger, Charlie, Forbes 1969.

116 Munger, Charlie, Rede an der Harvard-Westlake School 1986.

117 Munger, Charlie, Buffett Speaks 2007 (zitiert in Griffin S. 44)

118 Charlie Munger auf der Berkshire Hauptversammlung 1999.

119 Munger, Charlie, University of California, Santa Barbara 2003 (zitiert in Griffin S. 44)

120 Munger, Charlie, CNBC Interview vom 04.05.2014. https://de.scribd.com/document/222137086/CNBC-Transcript-Warren-Buffett-Bill-Gates-and-Charlie-Munger-May-5-2014

121 Charlie Munger auf der Wesco Hauptversammlung 2010.

122 Charlie Munger auf der Wesco Hauptversammlung 2010.

123 Lowenstein, Roger, Buffett – Die Geschichte eines amerikanischen Kapitalisten, Kulmbach 2009, S. 194.

124 Charlie Munger auf der Wesco-Hauptversammlung 2007.